화지능 CQ
르벌 소통의 기술

THE CULTURAL INTELLIGENCE DIFFERENCE

: Master the One Skill You Can't Do Without in Today's Global Economy

문화지능 CQ
글로벌 소통의 기술

데이비드 리버모어 지음 | 홍종열 옮김

Master the One Skill
You Can't do Without
in Today's Global Economy

The Cultural Intelligence

DIFFERENCE

꿈꿀권리

"글로벌하다는 것은 단지 여권에 스탬프가 하나 더 찍히는 것을 의미하지 않는다. 새로운 문화권으로 들어갔을 때 얼마나 다른 문화와 사람들을 이해하고 소통할 수 있는가를 의미한다. 글로벌하게 일상을 숨 쉬며 살아가기 위해 리버모어가 제시한 문화지능 개념은 그 시사하는 바가 매우 크다고 생각된다. 이 책은 글로벌 세계를 살아가고 있는 성인은 물론 중·고등학교 학생 그리고 대학생들이 꼭 읽어 봐야 하는 하는 책이다."

− Mary Jean Eisenhower, President and CEO, People to People International, and granddaughter of President Eisenhower

"회사를 글로벌하게 확장하기 위해서는 다양한 문화를 소화해 소통할 수 있는 경쟁력이 필수다. 이 책은 글로벌 기업의 핵심역량을 측정하고 향상할 수 있는 최고의 책이다."

−David Rock, cofounder, NeuroLeadership Institute, and author, Your Brain at Work

"문화지능은 현재의 그리고 미래에도 계속될 전혀 다른 사람들과 함께 일을 해나가는 데 필요한 통찰력이다. 데이비드는 글로벌 환경에서 필요한 기본적인 자질에 대해 쉬운 이해를 바탕으로 한 효과적인 역량을 제시하고 있다."

−Geri P. Thomas, Senior Vice President, Global Diversity and Inclusion Executive, Bank of America

"데이비드 박사는 일반 사람들이 쉽게 이해하고 소화할 수 있는 예시들을 통해 문화지능을 설명하고 있다. 타자를 이해하는 수준을 넘어서 직접 소통할 수 있는 방법론을 제시하고 있다. 최고의 글로벌 시민이 되기 위한 실질적인 방법들을 보여주고 있는 책이다."

−Wilbur Sargunaraj, Performing Artist, Humanitarian, and Global Ambassador for CQ

차 례

PART Ⅲ
결론

오늘날 우리는 국경 없는 세상에 살고 있다. 이러한 시대에 성공할 수 있는 첫 번째 요건은 아이큐(IQ)도 아니고 직업도 아니며 전문성도 아니다. 그것은 바로 문화지능(CQ)이다. 문화지능은 다양한 문화 속에서 살아가는 우리가 어떻게 하면 글로벌 소통을 증대시킬 수 있는가에 대한 것이다. 지난 10여 년간 30개 이상의 국가를 대상으로 연구한 결과에 따르면 문화지능이 높은 사람들이 글로벌화 되고 있는 세계에서 복잡하고 예측 불가능한 일과 생활에 더 잘 적응한다고 한다.[1]

문화지능은 국가, 인종, 조직, 세대 등을 아우르는 다양한 문화적 상황에서 효과적으로 대처할 수 있는 능력이다. 또한 우리의 오래된 문제인 문화충격, 인종 문제, 문화다양성 등에 대한 완전히 새로운 접근방식이다. 이는 우리에게 새로운 세계를 열어줄 것이다. 문화지능은 누구든지 배우고 발전시킬 수 있다. 이 책의 목적은 문화지능을 향상시키는 데 있다. 이 책이 우리를 위한 가이드 역할을 할 것이다.

사실 나는 대학에 가기 전까지 내가 살고 있는 북미 대륙을 떠나본 적이 없다. 내가 기억하는 한 문화 간 차이는 늘 당혹스러웠다. 나의 부모님은 내가 태어나기 직전 캐나다에서 미국으로 이주했다. 우리 가족은 해마다 조부모님과 사촌들을 방문하기 위해 캐나다 국경을 건너는 트레킹을 했다. 나는 나이아가라 폭포만 건너면 만나게 되는 전혀 다른 화폐, 다른 대화 방식, 색다른 음식 등이 당혹스러웠다. 내가 유치원에 다닐 때 미국 애들은 나의 "mum"이나 "eh" 소리에 웃음을 터트리곤 했다. 캐나다에서 사는 사촌은 나를 성조기나 흔드는 오만한 미국인이라고 비아냥거렸다. 나 역시 치기 어린 애국심으로 "글쎄, 적어도 우리는 여왕에게 아직도 절하지는 않아."라고 대답했다.

성년이 된 후, 나는 세계 곳곳을 여행할 기회를 가지게 되었다. 비행기를 탔을 때 느껴지는 흥분은 새로운 곳에 도착한 이후 오래가지 않았다. 새로운 장소를 둘러보고 거리를 거닐고 현지 음식을 먹어보는 등 낯선 것들에 흠뻑 빠져보았다. 그러나 나는 상당수의 문화적 실수와 잘못을 범했다. 하지만 이러한 경험들은 문화적 차이 속에서 일하고 관계 맺는 일을 더 잘해낼 수 있는 밑거름이 된 최고의 선물이었다.[2]

문화지능은 새로운 음식, 언어, 화폐 등을 발견하는 것 이상의 더 깊이 있는 어떤 새로움을 만나게 한다. 바로 우리의 믿음과 신념 그 한복판을 강타하기 때문이다. 캐나다 출신 미국인으로서 세계를 여행한 경험은 나에게 즐거움뿐만이 아니라 기쁨을 가져다주었다. 또한 나의 믿음, 생각 그리고 견해를 성찰하게 했다. 물론 매우 혼란스럽고 고통스러웠던 것도 사실이지만 그 이상의 의미를 배울 수 있었기 때문이다.

다른 사람들처럼 나 역시 소위 격리된 세계에서 자랐다. 우리 가족의 사회적 네트워크라고 해봐야 비슷비슷한 사람들로 둘러싸인 것이었기 때문이다. 그들은 우리와 같은 외모, 같은 종교, 같은 정치적 견해, 성공과 실패에 대한 같은 생각과 경험을 가지고 있었다. 우리가 살아가는 방식과 가치관이 유일하고 또 옳은 길이라 여기며 세상을 바라보았다.

하지만 세상의 더 많은 사람들을 만나면 만날수록 현실을 이해하고 해석했던 유일한 방식에 의심이 들기 시작했다. 궁금해지기 시작했던 것이다. 우리가 가진 가치와 신념들을 계속 고수하며 살아갈 수 있을까? **우리의 방식이 다른 모든 이들에게도 옳고 최선이라고 믿으며 계속 살아갈 수 있을까?**

나는 지금 마흔세 살이다. '우리'와 '그들'이라고 구분하는 단순한 카테고리가 더 이상 나에게는 유효하지 않다. 이러한 주제는 나에게 계속되고 있는 하나의 여행과도 같다. 나는 어떻게 살아야 할지, 우리 아이들은 어떻게 키워야 할지, 사악한 현실 속에서 어떤 보편적인 도덕적 기준을 세워놓지 않으면 세상을 살아나가는 방법에 대해 막막할 것이다. 하지만 다양한 세상을 만나면 만날수록 나는 어떻게 자신의 견해를 세워나가야 하는지에 대해 더 큰 도전정신을 갖게 된다. 어설픈 관용이라든지 모든 것에 동의한다는 식의 태도는 흥미롭지 않다. 다만 서로의 생각과 관점들을 열린 태도로 경청한다는 것이 무엇인지에 대해 숙고하고 그에 대해 냉정하고 엄격한 논의를 해보려고 한다. 문화지능은 문화적으로 차이가 나는 환경에서 일을 잘하기 위한 기술 이상의 의미를 지니고 있다. 우리가 아이들을 기르고, 가르치고, 뉴스를 보고, 이슈를 토론하고, 동료와 함께 일하고, 우정을 키우는 바로 그 방식을 변화시키는 것이기 때문이다.

나는 문화지능 향상을 위한 최선의 전략들을 제공하기 위해 이 책을 썼다. 누구든지 이 책에서 제시된 전략들을 적용하고 사용할 수 있도록 하기 위해 힘을 기울였다. 나아가 내가 바라는 것은 이 전략들을 떠받치고 있는 보다 근본적인 것인데 바로 우리 자신과 우리가 만나는 사람들, 더 크게는 이 세계를 어떻게 이해해야 할 것인가에 대한 성숙한 변화이다. 이러한 변화에는 많은 세월이 요구되며 그 과정에서 혼란, 좌절, 고통을 수반할 수도 있다. 하지만 이를 통해 우리가 얻을 수 있는 대가는 매우 크다고 감히 말하고 싶다.

...

1장은 오늘날 빠르게 글로벌화 되고 있는 세계에서 문화지능이 어떻게 당신의 성공에 도움이 될 수 있는지에 대해 소개하고 있다. 2장은 문화지능의 연구와 성과 및 그 기원에 대한 설명이다.

3장에서 6장은 문화지능을 향상시킬 수 있는 입증된 다양한 전략들을 제시하고 있다. 문화지능에 대한 기존의 책들 대부분은 문화지능이 무엇인가에 대해 초점이 맞추어졌다. 그러나 이 책은 우리가 문화지능을 어떻게 향상할 수 있는지를 다루고 있다. 문화지능센터에서 제공하는 온라인 문화지능 자가 테스트를 받아본 후 자신의 강점과 약점을 파악하고 그에 따라 문화지능을 높이는 방법을 모색할 수도 있다. 이 책에서 제시된 모든 전략들은 나 역시 직접 실천해 왔고 또 여전히 활용하고 있는 방법이다. 이것만으로는 부족할 것이다. 중요한 것은 모든 전략들이 전 세계의 수많은 학자들에 의해 실험되고 연구되어 나온 결과에 근거한다는 점일 것이다.

7장은 문화지능의 힘에 관한 내용이다. 문화지능이 지니고 있는 강점들을 설명하고 다국적 기업과 조직의 실제 사례를 구체적으로 살펴본다. 점점 더 많은 기업과 조직의 리더들이 문화지능의 힘을 활용하고 있다. 이는 비단 조직의 발전뿐만이 아니라 궁극적으로는 더 나은 세계를 만들어가고자 하는 우리의 희망과도 연결된다. 이것이 내가 문화지능과 관련된 작업에 그토록 많은 열정과 에너지를 쏟고 있는 이유이기도 하다. 분명히 말할 수 있는 것은 우리가 이 책에서 제시하고 있는 전략들을 충분히 활용한다면 글로벌한 세계의 도전에서 살아남고 나아가 성공할 수 있다는 것이다. 또한 변화하고 있는 세계가 요구하는 새로운 가능성들에 대한 발견과 통찰을 얻을 것이다. 이것이 문화지능만의 차별성이다.

문화지능의 세계에 온 것을 환영한다. 이제 우리는 전혀 다른 방식으로 세계를 바라보는 눈을 갖게 될 것이다.

미국 미시간주 그랜드 래피즈에서
데이비드 리버모어

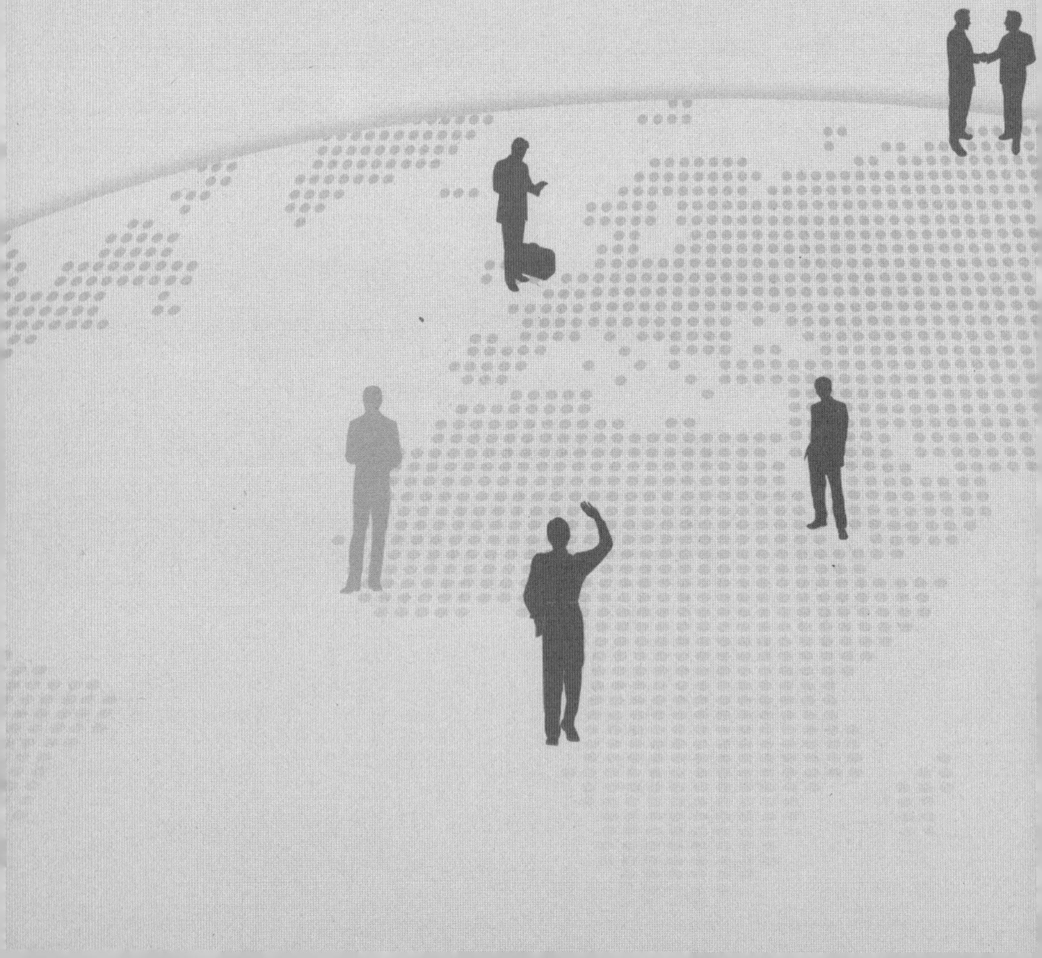

PART I

문화지능 소개

'문화지능'이라고 하면 학문적이고 지적인 주제처럼 들릴지 모른다. 물론 문화지능은 세계 각지에서 수년 동안 연구한 학문적 성과를 바탕으로 하고 있다. 그러나 문화지능은 그리 어려운 개념이 아닌데다 지금까지의 성과를 보면 우리의 일상에서 매우 유용하게 활용될 수 있는 도구임이 틀림없다.

처음 두 장에서는 문화지능이 우리와 어떻게 관련되는가 하는 통찰을 제시해 줄 것이다. 오늘날 점점 경계가 허물어지고 있는 이 세계에서 문화지능이 높아진다면 우리가 무슨 일을 하든지 보다 효과적으로 목표를 달성할 수 있다는 사실을 발견하게 될 것이다.

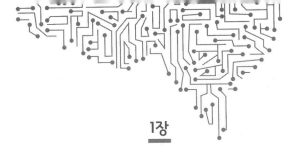

1장

당신을 위한 문화지능

오늘날 글로벌 세계에서 성공은 다양한 문화적 상황에 적응하는 능력에 달려 있다. 이미 수십 년 동안 이 점의 중요성에 대해선 계속해서 이야기되어 왔다. 그러나 최근에 이르러서야 이 능력을 학문적으로 입증하고 수치화해 발전시키는 방법이 개발되었다. 바로 문화지능(역자 주: 문화지능은 원어로 'Cultural Intelligence'이지만 여러 형태의 지능지수 가운데 하나라는 의미에서 'CQ(Cultural Quotient)'라는 용어로 흔히 지칭됨)이다. 문화지능이란 다양한 문화적 환경에 효과적으로 적응할 수 있는 능력으로 정의된다. 문화지능은 누구에게나 열려 있다. 우리는 모두에게 열려 있는 문화지능의 가능성을 발견하고 펼쳐 나갈 수 있다. 물론 문화지능을 향상하기 위해서는 각자의 의지와 노력이 필요하다. 그 노력의 대가는 우리에게 충분한 보상을 제공할 것이다.

세계는 점점 좁아지고 있다. 오늘날 우리의 일상은 세계 곳곳에 사는 사람들과의 관계 속에 연결되어 있다고 해도 과언이 아니다. 50년 전만 해도 우리 주위에는 우리와 비슷하게 생기고 우리와 같은 종교나 믿음을 가진 사람들이 대부분인 그런 삶을 살았을 것이다. 그래서 세상 사람들이 모두 우리와 같은 사고방식으로 살아갈 것으로 생각했을 수 있다. 물론 어떤 사람들은 여전히 그렇게 생각할 수도 있다. 그러나 우리는 생김새도 다르고 전혀 다른 방식의 신념과 생각을 가진 사람들을 만나야 한다. 물론 그들과 똑같아질 필요는 없다. 하지만 분명한 것은 다양한 문화적 환경과 상황에 잘 적응할 수 있는 능력이 업무의 효과와 성공에 큰 영향을 미친다는 사실이다. 다양한 문화의 사람들과 서로 존중하며 효과적으로 소통하고 교류할 수 있는 능력을 배울 때 개인의 삶에서든 직장에서든 상상 이상의 기회를 얻을 수 있을 것이다.

급변하는 세계의 현실은 토머스 프리드먼의 베스트셀러 『세계는 평평하다』와 피터 싱어의 『세계화의 윤리』에 잘 드러나 있다. 세계화로 인해 서로 간의 관계와 연결 속도가 급격히 빨라지고 있다는 것이다. 아래의 예를 살펴보자.

- 매년 10억 건에 달하는 여행 비자가 발급되고 있으며 그 수는 계속 늘고 있다.[1]
- 제너럴일렉트릭(GE)의 통계에 따르면 앞으로 10년간 60%의 성장이 개발 도상국들에 의해 이루어질 것이며, 이는 지난 10년 동안의 20%에 비교하면 매우 큰 수치다.[2]
- 미국에서는 5세 이하 아이들의 49%가 유색인이다.[3]
- 중국은 곧 세계에서 가장 영어를 많이 쓰는 인구를 가진 나라가 될 것이다.
- 국제 비행 노선 수입의 67%가 아시아와 중동 항공사들에 돌아가고 그 비

율은 계속 증가하고 있다.[4]

– 매년 100만 명의 대학생들이 해외로 나가 공부하고 있다.

– 매년 450만 명의 북미 사람들이 해외 선교에 참여하고 있다.[5]

만약 세계화로 인한 문화 간 교류와 만남의 급속한 증가에 의구심이 든다면 문화지능에 관한 이 책의 필요성에 대해서도 망설여질 것이다. 그러나 이 책은 경계가 허물어지고 있는 지금의 세계에서 여러분의 삶을 위한 것이다. 여러분은 문화적으로 다양한 이 세계에서 성공할 수 있는 능력을 어느 정도 갖고 있다고 생각하는가? 다른 문화적 배경의 사람들과 일할 때 무엇 때문에 어떤 사람들은 성공하고 어떤 사람들은 실패할까?

문화 간 만남의 성공을 위해 중요한 것은 아이큐나 감성지능이 아니라 문화지능이다. 우리는 모두 문화지능을 가지고 있고 또 그것을 계속 향상시켜 나갈 수 있다. 이 책은 우리를 위한 최신의 입증된 전략을 제공할 것이다.

문화지능이란 무엇인가

문화지능이란 다양한 문화적 환경, 가령 인종, 세대, 조직 등이 다른 상황에 효과적으로 적응할 수 있는 능력으로 정의된다. 문화지능은 다른 여타의 문화능력(cultural competencies)과 유사한 접근법을 가지지만, 지능(intelligence)에 대한 연구라는 점에서 차별성을 지닌다. 즉 다른 문화를 단순히 이해하는 것이 아니라 다른 문화적 상황에서 효과적으로 문제를 해

결해나가는 적응 능력 역시 중요시된다. 지능의 측면에서 접근하기 때문에 문화지능 모델에서는 타 문화에 대한 상호 소통이 개인적인 경험에 따라 각각 다르게 나타난다는 점을 인정한다. 가령 독일과 한국에 대한 문화적 차이점을 인지하는 정도에 따라 상호관계성의 깊이가 다르기 때문이다. 비록 우리가 같은 문화적 배경을 가지고 있다고 하더라도 새로운 문화적 상황에 직면했을 때 개인적 차이로 인해 다르게 반응하며 경험해나가게 된다.

문화지능은 우리가 어디에 가든 매우 유용한 능력이다. 비록 처음으로 경험하는 문화라고 해도 문화지능이 주는 통찰력은 도움이 될 것이다. 이는 어느 한 문화에 대해 배운 후 무엇은 해도 되고 무엇은 안 된다는 식의 지식으로 특정 문화에 접근하는 것과는 방식이 다르다. 문화지능을 활용하여 다른 나라에서 온 이웃이나 학교 친구, 혹은 직장 동료들과 더 나은 관계를 만들어 나갈 수 있다. 여러분은 문화지능 자가 테스트를 온라인상에서 마친 후 자신의 문화지능을 체크해 볼 수 있을 것이다. 높은 문화지능은 저절로 이루어지는 것은 아니지만 누구나 향상시킬 수 있는 것이다.

지난 십여 년간 이루어진 문화지능에 대한 논의들 대부분은 학술지에 묻혀 있었다. 이 연구들 중 상당수가 매우 흥미로운 것임에도 우리는 그 내용을 거의 알지 못했다. 예를 들면 다수의 문화권에서 국제 업무를 경험한 사람은 그 기간이 상대적으로 길지가 않더라도 한두 나라에서 여러 해를 살았던 사람보다 문화지능이 높게 나왔다는 연구결과가 있다.[6] 한 신경학 연구에 따르면 뇌의 활성화 정도가 여러 문화에 대한 경험에 따라 다르게 나타난다고 한다. 이는 다양한 문화에 대한 접촉과 경험이 문제 해결에 대한 접근 방식이나 업무 수행에 영향을 미친다는 것을 의미한다.[7] 이런 연구 성과들은 개인은 물론 조직 모두가 글로벌 시대에서의 성공을 위해 필요한 것이 무엇인가를 보여준다. 우리는 다음 장부터 이 내용들에 대해 더 자세히 살펴볼 것이다.

최근 몇 년 사이에 문화지능의 중요성이 부각되기 시작했다. 비즈니스, 정부, 비영리 단체 등에서 점점 많은 수의 리더들이 다른 문화 내에서의 적응과 업무를 위해서는 지능에 기반을 둔 접근법이 바람직하다고 인정하기 시작했다. 그리고 많은 회사와 정부 산하 기관들, 대학들이 문화지능의 개념과 성과들에 관심 갖기 시작했다. 구체적인 사례들은 7장에서 다루기로 하겠나.

문화지능은 아래의 네 가지 능력으로 구성되어 있다. 각각은 온라인 문화지능 자가 테스트를 통해 체크해 볼 수 있다.

① **CQ-동기**(Drive)는 문화적으로 다양한 상황에 효과적으로 적응할 수 있는 자신의 관심과 확신에 해당하는 중요한 요소이다. 그런데 이것이 간과되는 경우가 많다. 다문화적 상황을 피할 수 없을 때 그에 대해 도전해보려는 충분한 동기를 가지고 있지 않다면 성공을 보장할 수 없다.

② **CQ-지식**(Knowledge)이란 인식에 관한 것으로 서로 다른 문화 간에 어떤 부분이 비슷하고 어떤 부분이 다른지에 관한 지식을 말한다. 그러나 모든 문화에 대한 전문가가 되라는 의미는 아니다. 이는 너무나 방대한 지식이므로 한 개인이 다 알기엔 불가능하기 때문이다. 대신 핵심적이고 중요한 문화적 차이들에 대해서는 어느 수준까지 알고 있고, 이것이 나와 상대방의 만남에서 긍정적이고 효과적인 영향을 줄 수

1장 당신을 위한 문화지능

있어야 한다.

③ CQ-전략(Strategy)은 메타 인식에 관한 것으로 사고 과정 자체에 대해 고찰하는 능력이다. 다양한 문화적 경험들을 어떻게 이해하고 또 활용하고 있는가에 관한 것이다. 이것은 자신의 사고 과정이나 타인의 사고 과정에 대해 인지하고 판단하려고 할 때 발휘된다. 여러분은 문화적 차이의 관점에서 효과적인 전략을 수립할 수 있는가?

④ CQ-행동(Action)은 새로운 문화적 상황에서 자신의 행동을 적절히 맞출 수 있는 능력이다. 자신에게 충실하면서도 여러 상황에 맞는 유연한 레퍼토리를 가지고 있느냐가 관건이다.

위의 네 가지 능력이 모두 합해져 문화지능을 이룬다. 온라인 문화지능 자가 테스트는 자신이 네 개의 능력 중 어느 영역이 강하고 약한지를 보여줄 것이다. 하지만 미리 한번 추측해 볼 수 있다. 각각의 영역에 대해 대략 설명했기 때문에 자신이 어떤 것이 강하고 어떤 것이 약한지를 생각해 볼 수 있을 것이다. 온라인 문화지능 자가 테스트를 끝낸 후에 자신의 문화지능을 향상시킬 수 있는 전략에 다가가게 될 것이다. 그러나 그 이전에 문화지능 모델에 대해 조금 더 자세히 살펴보도록 하자.

문화지능이 높은 사람은 어떻게 다를까

문화지능은 학문적인 연구에서 시작되었지만 이를 이해하는 것은 그리 어렵지 않다. 그리고 반복하지만 누구나 문화지능을 높일 수 있다. 이 책은 우리가 오늘날 국경 없는 세계에서 중요한 것들을 추구해 나갈 때보다 더 성공할 수 있도록 돕고자 한다. 높은 문화지능을 가졌다는 것은 문화적으로 다양한 환경에서 어떤 실수도 하지 않는다는 의미가 아니다. 그것은 자신의 고유한 문화정체성을 잘 이해하고 있다는 것이다. 그리고 자신이 누구인지, 무엇을 믿고 있는지를 잘 알고 있다는 뜻이다. 그리고 이를 타인에게도 공평하게 적용하여 그들을 이해하려 한다. 문화지능이 높은 사람은 사람들 사이의 유사점과 차이점 모두를 진심으로 인정하고 이해하려고 하는 통합적인 세계관을 지니고 있다. 차이는 위협이 아니라 배움의 시삭이라고 생각한다.

낮은 문화지능(1.0)에서부터 높은 문화지능(5.0)의 단계에 따른 생각 차이를 살펴보도록 하자.

① **1.0** –새로운 문화적 환경에서 보거나 들은 것 등의 외부적 자극에 대해 반응하게 된다. 이때 자신의 문화적 배경 안에서 의미하는 것으로 새로운 문화를 판단해 버린다.

> [예] 미팅이나 회의에서 다른 문화권의 사람들이 침묵으로 일관하는 것을 보았을 때, 지루하거나 불편한 심기를 침묵으로 표현하고 있다고 단정 짓는다.

② **2.0** –다른 문화적 규범들을 인식하기 시작한다. 그리고 그 문화들이 어떻게 다른지 더 알고 싶어 한다.

> [예] 미팅이나 회의에서 다른 문화권의 사람들이 침묵으로 일관하는 것을 보았을 때, 그들의 침묵이 우리 문화에서 의미하는 것과 같은 것인지 아닌지를 궁금해한다.

③ **3.0** –다른 문화적 규범들을 내 생각 안으로 수용하기 시작한다. 그리고 같은 상황이라 하더라도 사람들이 대응하는 방법이 다른 것은 문화 차이 때문이라고 설명할 수 있다.

> [예] 미팅이나 회의에서 다른 문화권 사람들이 침묵으로 일관하는 것을 보았을 때, 그것이 다수의 문화에서 나타나는 것처럼 상대에 대한 존중의 의미인지를 파악해 보고자 한다.

④ **4.0** –다른 문화권의 규범들에 내 생각과 행동을 맞추어가며 적응할 수 있다.

> [예] 미팅이나 회의에서 다른 문화권 사람들이 침묵으로 일관하는 것을 보았을 때, 그들이 발언을 제안받기 전에 말을 하는 것은 결례라고 생각해 침묵하는 것으로 보고 그들에게 조언을 구한다는 의도적인 요청을 한다.

⑤ **5.0** –상대방의 언어나 비언어적 행위로부터 문화적 차이에 대한 중요한 단서나 암시를 잡아내어 파악한 후 자연스럽게 생각과 행동을 그에 맞추어 적응시킬 수 있다. 때로는 무의식적으로도 그렇게 할 수 있다.

> [예] 미팅이나 회의에서 다른 문화권 사람들이 침묵으로 일관하는 것을 보았을 때, 거의 의도적인 노력 없이도 자연스럽게 상대의 조언을 구하는 여러 방법들을 만들어 낸다. 무의식적으로 이미 그들의 문화에서는 침묵이 상대에 대한 존중의 한 형태라는 것을 알고 있다.

어느 누구도 문화 간 소통의 자리에서 완벽하게 행동할 수는 없다. 그리고 사실 우리가 반복하는 실수들은 우리의 문화지능을 높이는 최고의 가르침이기도 하다. 이런 경험과 노력을 바탕으로 문화지능 5.0으로 한발 한발 다가갈 수 있는 것이다. 다른 문화적 배경을 가진 사람들과 일을 할 때 다양한 행동과 전략들을 자동으로 자연스럽게 구사할 수 있는 단계까지 이를 수 있다. 문화지능이 높아지면 당신은 마치 상대의 문화 안에 이미 깊숙이 들어와 있는 사람처럼 낯선 문화 행위들이 의미하는 바를 해석해 낼 수 있을 것이다.

낮은 문화지능으로 인해 벌어지는 사례들은 훨씬 알아차리기 쉬운데, 실수에 대한 이야기는 재미있는 법이기 때문이다. 예를 들어, 미국 낙농협회는 나라 전역에 걸쳐 "Got Milk?(우유 있어요?)"라는 슬로건 아래 성공적인 마케팅 캠페인을 벌였다. 그러나 불행하게도 그 캠페인이 멕시코로 건너간 후 번역 오류가 발생했다. "Are you lactating?(젖을 먹이나요?)"이라고.[8]

문화지능이 낮은 사람들은 다른 문화의 영향을 묵살하고 피하려고만 한다. 그들은 타 문화 사람들과 일을 할 때도 "사람은 결국 다 같은 사람일 뿐이야. 미소와 친절한 말이면 모든 것을 해결할 수 있어."라는 매운 단순한 접근방식을 취한다. 많은 비즈니스 리더들 역시 타 문화에 대해 수박 겉핥기식으로 접근한다. 해외에 누구를 보낼까? 타 지역의 문화 트렌드는 어떻게 알 수 있을까? 어떻게 시장 점유율을 높일 수 있을까? 어떻게 더 혁신적인 문화를 창조할까? 이런 단순한 질문들에서 한발도 더 나아가지 않으려는 것이 단적인 예이다.

낮은 문화지능은 비즈니스를 위해 타 문화권으로 시장을 확대하려 할 때 큰 손실을 초래하는 주요 요인 중 하나이다. 많은 자선 단체들 역시도 인신매매나 에이즈와 같은 혹독한 일을 다루면서 개발도상국에서 쫓겨나는 이유는 현지 관료들과 일할 수 있는 능력이 부족하기 때문이다. 많은 분야에서 세계화는 급속도로 진행되고 있으나 70%에 달하는 비즈니스, 정부, 자선단체의 국제적인 프로그램들이 매우 비효율적이거나 비싼 비용을 지불하고 있다.[9] 그럴 필요가 전혀 없는데도 말이다.

이와는 반대로 문화지능이 높은 사람들은 낯선 관점과 행동을 가진 사람들을 만날 때 이에 대응할 행동과 전략적 레퍼토리를 가지고 있다. 겉으로 보기에 기이하거나 예상치 못한 일이 발생했을 경우, 그들은 그것이 문화적으로 설명될 수 있거나 혹은 독특한 개인이나 조직의 특성일 뿐이라는 것을 파악해내는 내적 틀을 가지고 있다. 문화지능이 높으면 다양한 문화적 상황에 처했을 때 무슨 일이 일어나고 있는지 깊이 생각할 수 있으며 그것을 어떻게 이해하고 받아들이며 행동해야 하는지를 파악해서 적절히 대응할 수 있다. 예를 들면 다음과 같다.

- 높은 문화지능을 가진 선생님은 여러 문화적 배경의 학생들을 가르칠 때 각각에 맞는 교수법, 평가방법, 피드백 등을 어떻게 적용할지 알고 있다.
- 높은 문화지능을 가진 회사의 인적자원 관리자들은 이슬람을 믿는 직원들이 라마단 동안만 판매 회의를 빠지고 싶다는 요청에 어떻게 대처해야 할지 잘 알고 있다.
- 높은 문화지능을 가진 리더들이 이끄는 병원은 이주민 환자들을 더 효과적으로 대하는 방법을 알고 있으며 그들에 대한 오진으로 인한 소송 횟수 역시 더 적다.
- 해외에서 자원봉사나 공부를 하려는 문화지능이 높은 학생들은 그 경험의 이점을 장기간에 걸쳐 활용한다.
- 문화지능이 높은 민주당 혹은 공화당 의원들은 보다 넓은 시각에서 극단적인 대립보다는 상대와 상대 진영을 이해하려는 노력에 더 힘

을 쏟는다.

위와 같은 적응은 높은 문화지능에 기반을 둔 능력으로서 누구나 이처럼 될 수 있다. 그러나 이것이 자동으로 이루어지는 것은 아니기 때문에 문화지능을 높이려는 노력을 통해 각자의 경험들을 살려나가야 한다.

높은 문화지능이 주는 이점은 무엇인가

감성지능이나 문화지능과 같은 능력은 현실 세계와는 다소 동떨어진 그저 간단한 소프트 스킬로 치부될 때가 많다. 낮은 문화지능의 비즈니스 리더들은 그들의 생존을 결정짓는 손익장부에서 문화는 빼버린다. 고지식하기만 한 육군 장교 역시 문화지능은 전투능력을 위한 전략에 거의 영향을 미치지 못한다고 단정 짓는다. 문화지능이 낮은 학생은 유학을 가서 현지 사람들과 교류하는 것은 유학의 목적에 비추어 그다지 중요하지 않다고 여긴다. 이런 태도들은 문화지능을 높이는 데 필요한 중요하고도 기본적인 것들을 놓치게 한다.

많은 사람들이 문화지능의 효과를 입증하고 또 이를 높이기 위한 방법들을 개발해가고 있다. 과학적으로 입증된 연구 성과들을 보면 문화지능을 높임으로써 기대할 수 있는 예측 가능한 이점들을 다음과 같이 제시하고 있다.

- 우수한 문화 간 적응력

- 업무 수행 능력 향상
- 개인적 삶의 질 향상
- 높은 수익성

이러한 이점들에 대해 하나씩 자세히 살펴보자.

1. 문화 간 적응력

21세기의 수많은 이슈와 담론들, 그리고 다양해진 직업 등을 보면 타 문화에 대한 보다 적극적인 적응을 요청하고 있다. 이러한 요구는 앞으로 10년간 기하급수적으로 늘어날 것이다. 여러분의 열정은 어디를 향해 있는가?

- 비즈니스: 앞으로 가장 많은 이익 창출의 기회는 해외 시장 개척에 달려 있으며 이를 위해 다문화적 팀을 구축해 동기를 부여하고 시너지 효과를 창출해야 한다.
- 투자: 상호문화적 예민함이야말로 글로벌 경제를 이끌어 가는 데 매우 큰 자산이 될 것이다.
- 교육: 다양한 문화적 배경을 가진 학생들이 학급에서 차지하는 수가 계속 늘고 있으며 이들 모두는 글로벌 세계에서의 삶을 준비해야 한다.
- 리더십: 리더들이 비전을 세우고 사람을 경영하고 전략을 발전시키기 위해 관심 가져야 하는 모든 것들이 문화와 관련되어 있다.
- 더 나은 세상 만들기: 여러분의 관심이 에이즈 퇴치, 동물 보호, 환경 보호, 어린이 보호, 자선 단체 가운데 어느 것이든 다양한 문화적 배

경에 대한 이해와 적응이 요구된다.

음악, 스포츠, 여행, 종교, 연구, 기술, 과학, 농업, 가족 부양, 정치, 영화 제작 등 어느 분야에서건 오늘날의 세계에서는 다양한 문화적 배경의 사람들이나 상황들과 관계를 맺고 적응해야 하는 것을 피할 수 없다. 문화지능이 높을수록 더 성공적으로 새로운 문화에 적응할 수 있다. 무엇을 추구하든 말이다.[10]

사실 문화지능은 나이나 성별, 출신 지역 혹은 아이큐나 감성지능과는 다르게 다문화적 차원의 노력과 성공에 보다 깊이 관련된다. 우리는 언제 어떤 상황에서 문제가 발생하는지 정확히 알지 못하고, 실제로 무슨 일이 일어났다고 해도 제대로 인지조차 하지 못할 때가 많다. 높은 문화지능은 이런 모호함을 다루기 위한 동기와 이해 그리고 전략을 제공한다. 사람들은 자신이 다문화적 상황에서 성공할 수 없다고 단정 짓기 쉽다. 자신이 하나의 문화 내에서만 살아왔기 때문이거나 아니면 너무 나이가 들어버렸다는 이유에서이다.

그러나 사실은 그렇지 않다. 우리는 모두 문화지능을 향상시킬 수 있고 이 향상된 문화지능으로 성공적인 다문화 간 적응을 할 수 있다. 나이가 얼마이든 어디 출신이든 상관없다.[11] 남자든 여자든 똑같이 다문화적 상황에서 성공할 수 있다. 중요한 것은 성별의 차이가 아니라 문화지능이다. 지금까지 한 번도 최고가 되어 보지 못했더라도 자신감을 가져라. 문화지능이야말로 이제까지의 학업성취나 아이큐보다 더 많이 다문화 간 업무나 관계의 성공에 도움이 될 것이다. 감성지능은 같은 나라나 문화의 사람들과 일할 때 성공적인 요인으로 작용할 수 있다. 하지만 문화지능은 다른 문화권 사람들과 일할 때 도움이 된다. 우리 모두가 피할 수 없는 글로벌 세계라는 현실에서 말이다.

높은 문화지능이 성공할 수 있는 중요한 요인 중 하나는 유연함을 중요시한다는 점이다. 이 글을 읽고 있는 독자 여러분이 이미 여러 다문화 적응 훈련 프로그램에 참여했다면 여러 번 유연성의 필요성에 대해 들었을 것이다. 그렇지만 실제 유연성이 어떻게 구체적으로 적용되며 그 방법은 무엇인지에 대해서는 거의 들어보지 못했을 수 있다. 다음과 같은 만트라의 한 구절만을 반복해 들었을지도 모른다. "유연해져라, 예상치 못한 일들이 발생할 수도 있음을 예상하라. 유연해져라. 더 유연해져라." 분명히 좋은 말이다. 그러나 구체적으로 무엇을 어떻게 하라는 말인가?

문화지능이 높아질수록 자신이 살아왔던 것과는 매우 다른 가치와 전통 그리고 그것들이 녹아있는 일상의 새로운 상황과 환경에 적응하는 능력이 높아진다. 한 연구에 따르면 문화지능이 높은 사람들은 다국적 팀에서 낮은 문화지능의 사람보다 훨씬 효과적으로 일하고, 새로운 문화 환경에서도 협력적으로 업무를 진행하여 보다 큰 성공을 거둔다고 한다. 이러한 능력은 앞으로도 계속 중요한 경영 능력으로 간주될 것이다.[12]

빠르게 세계화되고 있는 현실에서 문화적으로 다른 상대방과 상황을 존중하고 효과적으로 대응할 수 있는 능력이 요청된다는 것은 당연한 이치이다. 높은 문화지능은 여러분이 무엇을 추구하든 보다 더 효과적으로 성취할 수 있도록 도와줄 것이다.

···▶ 연구 노트: 문화지능과 다문화적 상황에서의 성공이 갖는 상관관계는 나이, 경험, 성별, 지역, 아이큐 등과의 관계보다 월등히 높다.[13]

2. 업무 수행 능력

높은 문화지능은 고용시장에서 나 자신을 부각시킬 수 있다. 해외로 파견을 나가지 않더라도 국내에서 다양한 문화의 고객들을 상대해야 하는 경우가 많다. 이런 사실은 현장 관리자들은 물론 인적자원 관리 부서에서도 잘 알고 있다. 국내에서든 해외에서든 다양한 문화의 고객들을 잘 상대할 수 있는 글로벌 소통에 정통한 사람의 중요성을 인지하고 있다. 또한 다국적 팀의 일원으로 참여하여 원활하게 업무를 수행할 수 있는 인재의 중요성 역시 알고 있다. 고용주들은 높은 문화지능의 인재들을 찾아내어 그들이 다문화직 싱황에 대한 원만한 대응을 넘어 혁신적이고 창의적인 업무를 수행하기를 기대한다.

자국 내에서도 다양한 문화적 접촉이 필요한 업무 환경에 직면하여 더욱 적응력을 갖춘 혁신적 인재 양성이 요청되고 있다. 많은 회사들이 기존의 고용인이든 새로 채용할 사람이든 사원들을 대상으로 문화지능 평가를 시행하고 있다. 연구 결과들이 이미 문화지능과 업무수행 능력의 연관성을 입증하고 있기 때문이다. 문화지능이 높은 사람의 업무수행 능력을 구체적으로 제시하면 다음과 같다.

① 의사결정: 문화지능이 업무수행 능력을 높일 수 있는 이유 중 하나는 보다 나은 판단력과 의사결정 능력 때문이다. 다문화적 상황에서 예상치 못한 결과가 벌어졌을 때에는 직관적인 판단과 결단을 내리는 것이 중요하다. 문화지능이 높은 사람은 위험을 예상하고 관리하는 데 뛰어나다. 이들은 복잡하고 다이내믹한 다문화적 상황 속에서 보다 나은 의사결정을 내린다. 문화지능은 의사결정 능력 향상에 이

바지할 것이다.[14]

② 협상: 다문화적 상황에서 협상을 효과적으로 할 수 있다는 것은 오늘날 글로벌한 업무환경에서 반드시 필요한 능력이다. 문화지능이 높은 사람은 그렇지 못한 사람보다 다문화 간 협상에 더 성공적이다. 문화적으로 익숙하지 않은 환경에서 커뮤니케이션의 여러 모호함에 직면했을 때 서로 윈윈(win-win)할 수 있는 힘을 발휘할 수 있다. 높은 문화지능은 협상이 진행되는 동안에 비언어적 단서들을 잡아내어 읽어내고 해석하는 방법을 제공한다. 이는 다른 문화권의 사람들과 협상하는 데 없어서는 안 될 중요한 능력이다.[15]

③ 네트워킹: 네트워킹은 오늘날의 업무환경에서 매우 중요한 요소 가운데 하나이다. 지리적, 문화적, 인종적인 경계를 넘어 관계를 형성하고 네트워크를 넓힐 수 있는 인재가 필요하다. 문화지능은 다양한 환경을 효과적으로 네트워크화하는 능력을 높여줄 것이다. 인류학자 그랜트 맥크랙큰(Grant McCracken)이 베이비붐 세대들에게 한 말이다. "이제는 네트워크가 중요한 시대가 되었다. 나의 세대에서 협력은 안전을 위해 중요했다. 그러나 Y세대들은 안전을 위해 소셜 네트워크라는 전혀 다른 소스를 가지고 있다. 이제는 일하는 장소가 그리 중요하지 않게 되었다."[16] 네트워크는 오늘날의 글로벌 환경에서 중요한 자산이다. 다국적 평화유지군을 위한 군사작전이나 인수합병을 하려는 기업들 모두는 다문화적 네트워크를 구축한 사람들의 도움으로 최상의 성과를 낼 수 있다. 높은 문화지능은 이러한 면에서 도움이 된다.[17]

④ 글로벌 리더십: 오늘날 기업의 관리자라면 다국적 인재들을 고용하

여 동기를 높이고 최상의 성과를 낼 수 있도록 이끌어 가야 한다. 당신이 리더의 자리에 있지 않더라도 업무에서 다양한 문화적 배경의 팀원들과의 효과적인 팀워크를 위한 능력을 요구받기도 한다. 다국적 팀원들과의 효과적인 프로젝트 수행을 위해서는 높은 문화지능이 요청된다.[18]

···▶ 연구노트: 조직은 높은 문화지능을 가진 인재를 원한다. 높은 문화지능을 가진 사람은 더 나은 의사결정 능력, 협상 능력, 네트워크로 세계화 시대에 맞는 리더로 인정받기 때문이다.[19]

3. 개인적 삶의 질

문화지능을 높이는 것은 개인의 만족스러운 삶을 위한 하나의 방법임이 입증되고 있다. 특히 문화적으로 다양한 상황과 연계되었을 때 더욱 그렇다. 문화지능이 높으면 다문화 간 상호관계에서 요구되는 사안들로 인한 피로감을 덜 느끼게 된다. 우리는 모두 최소의 스트레스로 최대의 효율적인 업무처리를 원한다. 그러나 피로와 스트레스는 타 문화를 접했을 때 피할 수 없는 것이다. 어떤 식으로든 이를 줄이는 방법을 찾을 수밖에 없다.

문화지능이 높으면 다른 문화권 사람들과 계속해서 일을 해나갈 때 느끼는 피로와 스트레스를 줄여갈 수 있다. 예를 들어 출입국 관리사무소나 이민국 직원, 단기 해외 출장을 가는 비즈니스맨들은 타 문화 사람들과의 관계에서 많은 스트레스를 받는다. 문화지능이 높은 사람들은 이런 종류의 일에서 피로감을 덜 느낀다. 가령 잦은 해외 출장으로 시달리는 비즈니스맨들은 매달 다양한 지역을 비행기로 이동한다. 도착하는 모든 지역의 문화 규범을 안다는 것은 불가능하다. 하지만 문화지능은 상대를 존중하는 동시에 효과적으로 업무를 처리하는 데 필요한 품위있는 대응을 가능하게 한다. 많은 기업의 매니저들 역시 온종일 여러 문화의 사람들을 만나며 업무를 하게 된다. 다른 세대, 다른 직업, 다른 인종 간 소통에 따른 정신적 피로는 당연하다. 높은 문화지능은 다문화 간 만남에서 오는 고된 일들로부터의 피로감을 줄일 수 있다.[20]

문화지능이 높은 사람들은 글로벌하게 여행을 한다거나 일하는 것을 즐길 줄 안다. 그들은 생존을 위해서이기도 하지만 동시에 다문화적 업무로부터 느끼는 도전과 통찰들을 긍정적으로 즐길 줄 안다. 문화지능은 스트레스를 줄여줄 뿐만 아니라 내가 경험하고 있는 것들로부터 만족감을 높여 준다. 상대방을 알아가고 존중하며 함께 일하면서 말이다.

⋯› 연구 노트: 문화지능이 높은 사람은 다문화적 업무와 관계에서 그렇지 않은 사람보다 더 큰 만족감과 즐거움을 가진다.[21]

4. 수익성

마지막으로 문화지능이 주는 이점 중 하나는 수익성인데 이는 전혀 놀라운 것이 아니다. 다양한 문화에 훌륭한 적응력을 가지고 탁월한 업무 성과를 보여주는 사람은 조직에 이바지하는 바가 크기 때문에 더 많은 수익을 낼 수 있다. 결국 문화지능은 여러분의 수익을 높여줄 것이다.

한 연구에서 문화지능과 수익성의 상관관계를 조사한 결과를 참조해 보자. 이 조사는 18개월 동안의 문화지능 프로그램을 이수한 회사들을 대상으로 했다. 문화지능의 관점에서 트레이닝, 고용, 전략화를 포함한 프로그램을 말한다. 조사 대상 회사들 중 92%가 18개월 동안 수익이 증가했다고 답변했는데 이는 문화지능이 수익 증가에 이바지한다는 사실을 직접적으로 보여준다.[22]

바클레이, 로이드 TSB, 레비스트라우스와 같은 회사들에서 비즈니스를 위해 문화지능을 채택했으며 수익률 증가와 비용관리 면에서 성과를 드러내고 있다. 물론 이 결과들이 규모가 큰 회사나 산업에만 적용되는 것은 아니다. 문화지능을 국내외로 적용했을 때 NGO, 대학, 소규모 비즈니스, 정부 등에서도 같은 효과를 내고 있다.

많은 경영진 중에 문화지능이 높은 사람들이 고용, 승진, 성과급에서 앞서 가고 있고 연봉도 그만큼 더 높다. 문화 간 유연성과 협상력은 높이 평가되는 능력이다. 고용시장은 계속 변화하고 있다. 최고의 자리와 기회를 보장받기 위해 문화지능의 중요성은 앞으로도 계속 증가할 것이다.[23]

문화지능에 대한 최근 연구들은 계속 그 이점들을 증명하고 있다. 문화지능이 높아지면 오늘날 세계가 원하는 매우 중요한 능력을 갖추는 것이다. 나아가 높은 문화지능은 우리 각자가 보다 나은 세계를 만드는 데 이바지하는 것이다. 노벨 평화상 수상자인 엘리 비젤(Elie Wiesel)은 문화적 증오야말로 역사를 통틀어 사람들 간에 문제를 일으키는 가장 큰 요인이었다고 말했다.[25] 문화 간 충돌은 세계를 불안하게 만들고 있다. 이웃 나라들과의 경쟁이나 국제분쟁, 이와 관련된 국제정치 등도 마찬가지다. 문화지능은 여러 문화 사이에 벌어지고 있는 많은 오해와 갈등을 풀어나가는 방법을 제시한다.

포스트모던 철학자 켄 윌버(Ken Wilbur)는 "내가 당신이 말하는 모든 것들에 동의해야 하는 것은 아니다. 그러나 적어도 당신을 이해하려 애써야만 한다. 상호 간의 이해에 반대되는 말은 한마디로 전쟁이기 때문이다." 라고 했다.[26] 우리의 세상은 풍요롭게도 다양한 문화들로 가득하다. 문화지능은 서로 다르다는 이유로 야기되는 오해와 불신을 이해와 존중으로 바꾸어 나가는 데 이바지하고자 한다. 이것이 문화지능의 가장 중요한 역할이기도 하다.

문화지능은 우리에게 더 큰 안식을 가져다줄 수 있다. 우리를 몰아가고 있는 방향이 어떤 권력이나 부와 같은 성공뿐이라면 곧 지쳐버릴 것이다. 하지만 그것보다 더 큰 어떤 것이 있다면 만나 보자. 삶이 지닌 깊은 에너지를 찾아내어 이를 지속시켜 나가 보자. 나와는 전혀 다른 사람들을 만나볼 수 있다는 인생의 경이로움을 느껴 보자.[27]

> ⋯▸ 연구 노트: 18개월 동안의 문화지능 프로그램을 이수한 회사들을 대상으로 조사했다. 문화지능의 관점에서 트레이닝, 고용, 전략화를 포함한 프로그램이었다. 조사 대상 회사 중 92%가 18개월 동안 수익이 증가했다고 대답했다. 그들은 문화지능이 수익 증가에 이바지한다고 여겼다.[24]

더 나아가기

우리의 삶은 함께 살아갈 수 있는 능력에 달려 있다. 문화 간 상호 소통은 더 이상 평화주의자나 인류학자, 선교사, 외무부만의 소관이 아니다. 우리도 다양한 문화의 사람들을 만나고 있기 때문이다. 문화 간 충돌인가 아니면 상호존중을 전제로 한 문화 간 공존인가 하는 문제는 오늘날 매우 중요한 이슈임이 틀림없다.

다양한 연구결과들이 증명하고 있듯이 높은 문화지능을 가진 개인이나 조직은 더 나은 길을 모색하고 있으며 실질적으로 성공적인 방법들을 찾아내고 있다. 다양한 문화적 상황에서도 서로 존중하며 자신의 업무를 훌륭히 해나가고 있는 것이다. 문화지능이 높은 사람들과 조직은 급변하는 글로벌 세계에서 생존을 넘어 최상의 성과를 내고 있다.

세계는 글로벌화로 인해 지금 하나가 되고 있다. 되돌아갈 수는 없어 보인다. 문화지능을 높여 나간다면 문화지능으로 성과를 내고 있는 또 한 명의 일원으로서 앞으로도 많은 역량을 발휘해 나가게 될 것이다.

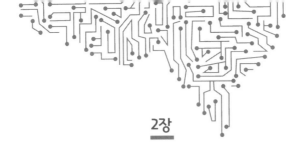

2장
문화지능의 연구와 성과

비즈니스 리더들이 오랫동안 생각해 왔던 것처럼 연구가들 역시 이미 20여 년 전부터 높은 지능(IQ)이 비즈니스의 성공을 보장해주지 않는다는 사실을 인정했다. 이들은 감성지능(EQ)과 사회지능(SQ)의 필요성을 이해하고 있었다. CEO들은 비즈니스스쿨에서 다음과 같은 불만을 자주 토로해왔다. "사회적 기술도 부족하고 실제 업무 능력도 형편없는 4.0 학점의 MBA 졸업생들을 우리에게 보내는 것을 중단해 달라." 성공적인 비즈니스를 위해서는 풍부한 상식은 물론 다양한 사람들과 원만하고 좋은 관계를 형성할 수 있는 능력이 필요하다.

새로운 연구 결과들에 힘입어 감성지능이 갑자기 선풍적 인기를 끌었다. 모든 유형의 조직에서 리더들은 감성지능을 높임으로써 얻어지는 수익에 주목하기 시작했던 것이다. 그런데 최근 들어 이와 유사한 방식으로 또 다른 연구 결과가 주목받고 있는데, 그것이 바로 문화지능이다. 문화지능은 급속하게 변화하고 있는 오늘날의 세계에서 매우 유용한 능력이라는 것이다. 감성지능에서 나온 사회적 기술과 능력들이 다른 문화에서 그대로 적용되기는 매우 어려웠다. 예를 들어 긴장된 회의 분위기를 조금 느슨하게 만든다거나 혹은 신뢰를 구축하고자 하는 방법들이 다른 문화권에서는 오히려 역작용을 일으키는 사례들이 많았다. 문화지능은 이런 감성지능의 빈자리를 채워 준다. 따라서 글로벌 경제에서 리더들과 그 팀을 위한 새로운 가이드가 되고 있는 것이다.

앞서 말했듯이 문화지능은 상호문화적 능력을 위한 새로운 개념은 아니다. 세계가 직면하고 있는 문화다양성이 제기하는 도전과 기회에 대한 하나의 접근법이다. 이는 세계 여러 나라에서 실행된 연구들을 기반으로 하고 있다. 이번 장에서는 문화지능에 대한 그간의 연구들을 간략히 살펴보도록 하겠다.

들어가며

문화지능 연구에서 중요한 질문 하나는 바로 이것이다. 어떤 개인이나 조직은 다른 문화에서도 효과적인 적응을 하는 데 반해 왜 어떤 이들은 그렇지 못할까? 이 질문은 오랫동안 여러 연구에서 관심을 끌어 왔다. 이들 연구는 다문화 간 효율성에 대해 필자에게 많은 지식과 이해를 제공해 주었다. 예를 들어 밀튼 베넷(Milton Bennett)의 정체성과 상호문화적 발전 연구, 또는 홀(Hall), 호프스테드(Hofstede), 슈바르츠(Schwartz), 트롬페나스 (Trompenaars)의 문화적 차원 연구가 그것이다.[1] 하나의 도전 과제는 여러 가지 다른 상호문화적 모델과 평가들 사이의 연결고리를 찾는 것이다. 어떻게 그것들 사이의 관계를 체계적으로 정립할 수 있을까?

비교문화와 관련된 영역은 상당히 복잡하고 때로는 고통스럽기까지 하다. 사람들을 관찰하여 얻은 증거에 입각한 결과들은 서로 엉켜 있고, 선천적인 개인의 특성과 배워서 습득한 능력들 역시 혼재되어 있기 때문이다.[2] 연구에 기초한 상위의 틀이 없다면 어떻게 상호문화 능력에 대한 실제적인 평가와 향상에 대한 합의가 이루어질 수 있겠는가? 기존의 평가와 중재에 타당성을 부여하는 것 역시 매우 의심스러울 수 있다.[3] 지금까지 대부분의 비교문화적 접근법은 정해진 나라들에 관한 지식을 바탕으로 상호 비교하는 데에만 초점을 두는 경우가 많았다. 가령 프랑스 사람과 태국 사람의 차이점을 제시하면서 두 나라 사람들 사이의 효과적 업무수행 능력만을 가르쳐 왔다. 그러나 문제는 그렇게 간단하지가 않다. 비교문화적 지식이 저절로 상호문화 간 적용과 성공으로 이어지지는 않기 때문이다. 이를 위해서는 좀 더 총제적인 접근이 필요하다.

싱가포르 난양기술대학의 순 앙(Soon Ang) 교수는 문화지능 연구의 선두주자 중 한 명이다. 그녀는 새로운 밀레니엄을 앞두고 컴퓨터에서 발생할 수 있는 문제들에 관해 Y2K 프로젝트라는 이름으로 세계의 많은 IT 기술자들과 함께 연구하면서 여러 컨설팅을 맡았다. 이때 그녀는 업무에서 문화 간 적응과 효율성에 대한 심각한 문제를 인지하기 시작했다. 1997년 그녀는 세계 최고의 IT 기술자들이 직면한 전혀 예상치 못한 문제를 풀어야만 했는데 그들이 기술에선 뛰어났지만 결코 다른 문화의 기술자들과 서로 섞여 일할 줄 몰랐기 때문이다. 아이큐가 IT 전문직 종사자들에겐 매우 중요한 능력일 수 있지만 다양한 문화적 배경의 사람들과 함께 일하는 데는 도움이 되지 않았기 때문이다.

이러한 문제로 인해 몇몇 회사에서는 감성지능, 사회지능, 업무스타일 훈련 등을 도입하기 시작했다. 그러나 이 시도는 일부분 도움이 될 수 있었지만 문제는 여전히 남아 있었다. 감성지능은 IT 전문가들 자신의 문화 내에서 도움을 줄 수 있었을 뿐 낯선 문화에 그대로 적용이 되지는 않았기 때문이다. 이러한 과제에 도전하기 위해 순 앙 교수는 동료 연구자 크리스토퍼 얼리(Christopher Early)와 함께 새로운 방향으로 업무수행 능력 연구를 시작했는데 그것이 문화지능 연구의 본격적 출발이 되었다.

비교문화연구

가장 중요한 비교문화의 이론과 모델들, 다시 말해 홀, 호프스테드, 슈바르츠, 트롬페나스의 성과들을 가지고 연구가 시작되었다. 그런데 이들의 접근법 대부분은 문화차이에 대한 지식을 늘리는 데 주안점을 두었다. 가령 독일인의 시간관념과 신뢰 쌓기는 일본인의 경우와 어떻게 다른지 비교해 보는 방법론이다. 하지만 독일문화와 일본문화에 대한 이런 차이들을 이해하는 것이 그들 나라의 사람들과 일을 할 때 반드시 효과적으로 작용한다고 말할 수는 없다. 내 친구 아서의 예를 보자. 그는 일본인 어머니와 영국인 아버지 사이에서 태어났지만 인도네시아에서 자랐고 그곳의 네덜란드 학교에 다녔다. 그를 이해하기 위해서는 도대체 어떤 나라의 문화를 공부해야 할까? 현재까지의 연구들은 이 복잡성에 대해 온전히 접근하지 못했다. 복잡한 다문화적 환경이 직면한 문제들을 풀기 위해서는 또 다른 뭔가가 더 필요해 보였다.

지능에 대한 연구

연구가들은 지능이 상호문화적 업무와 인간관계에서 어떤 관련을 맺고 있는지를 조사하기 시작했다. 지금까지 나온 지능과 관련된 연구들을 살펴보았다. 주변 서점들을 둘러본다면 지능이란 명칭이 붙은 수많은 종류의 서적들을 볼 수 있을 것이다. 재무지능, 비즈니스 지능, 예술지능 등 지금도 계속해서 새로운 것들이 나오고 있다. 그런데 대부분의 책은 어느 특정 분야를 위해 지능이란 개념을 차용하고 있으면서도 실제로 구체적인 설명을 제시하는 경우는 거의 없었다. 있다고 해도 몇몇 기술적 설명이 고작이었다. 여러 가지 상황과 환경을 이해하고 효과적으로 적응하기 위한 정신적이고 동기유발적이며 행동으로 이어지게 하는 능력이 필요했다.

지능에 대한 가장 전통적인 논의는 아이큐이다. 아이큐는 개인의 인지능력을 측정한 것이다. 하지만 아이큐를 넘어 감성지능도 우리에게 친숙하다. 감성지능은 자신과 상대의 감정을 이해하고 조절하는 능력이다.[4] 이외에도 사회지능과 실용지능(PQ)이 있다. 사회지능은 다른 사람을 이해하고 관리하는 능력이다.[5] 실용지능은 학문적이고 이론적인 것들과 차별화된 현실적 문제 해결 능력이다.[6] 그런데 감성지능, 사회지능, 실용지능 세 가지는 자신의 문화 안에서 적용 가능한 것이다. 연구가들은 다양한 문화적 배경과 복잡한 상황에 직면하면 그 이상의 다른 무엇인가가 필요하다는 것을 깨닫기 시작했다.

문화지능의 탄생

비교문화 이론과 지능에 대한 접근들의 광범위한 리뷰를 통해 문화지능 개념이 잡혀가기 시작했다. 문화지능은 기본적으로 지능에 대한 정의들에 기초하고 있지만, 글로벌하게 얽히고 있는 세계에서 효과적으로 활용될 방안에 중점을 두어 차별화 했다. 다시 말해 문화지능은 다른 지능들을 보완하면서도 문화적으로 다양한 상황 속에서 어떻게 다른 사람들보다 더 효과적일 수 있는지를 설명한다. 사회적 관계의 규범과 형태가 문화마다 다르기 때문에 감성지능과 사회지능이 다른 문화에서도 그대로 적용되기는 어려워 보였다. 높은 실용지능 역시 새로운 문화 환경에 직면하면 실제적인 성공을 보장하지 못한다.

문화지능에 대한 첫 번째 책은 2003년에 발간된 크리스토퍼 얼리와 순앙의 책『문화지능: 글로벌 시대 새로운 환경을 위한 생존전략』이다.[7] 학문적 접근을 위한 독자들을 대상으로 쓴 책이다. 일 년 후, 하버드 비즈니스 리뷰는 문화지능을 21세기 비즈니스의 성공에 꼭 필요한 핵심 역량이라고 언급했다. 그때부터 문화지능은 세계적으로 주목을 받기 시작했고 70여 개 이상의 학술저널에 인용되었다. 연구 대부분은 어떻게 문화지능을 높일 수 있는가의 문제였다.

문화지능에 관한 여러 서적들이 출판되었는데 대부분 다양한 문화에서 효과적으로 활용될 수 있는 통찰들을 제공한다. 그러나 여타의 지능에 관한 서적들처럼 몇몇 저서와 논문들은 문화지능 모델과는 직접적인 연관이 없기도 했다. 지능이란 단어를 차용하고는 있지만 단지 각각의 문화 능력 개념을 위한 라벨에 불과했다.

얼리와 앙 그리고 공동연구자들은 특히 지능으로서의 상호문화적 능력에 관심이 많았는데 지능의 개념에 대해서는 스테른버그(Sternberg)와 디터만(Detterman)의 광범위한 연구에서 영감을 얻었다.[8] 이들의 선행 연구가 중요한 이유는 다음과 같다.

① 지능 연구는 개인의 특성(이미 굳어버려 바꿀 수 없는 것)보다는 배우는 능력(경험과 학습을 통해 발전시킬 수 있는 것)에 초점을 둔다.

② 지능 연구는 심리학과 사회학으로부터의 광범위한 연구 성과를 통합한다. 나의 상호문화적 관계는 나의 개성과 사회 · 문화적 배경이 결합해서 만들어진 것이다. 둘 중 하나만을 강조하는 것으로는 한계가 있다.

③ 지능 체계는 단지 문화적 사고와 행동에 대한 배움보다는 나와 타인에 대한 개념의 재정립 능력에 중요성이 있다.

④ 지능 연구를 보면 다문화적 상황에서 인간 행동에 영향을 미치는 것은 아이큐나 감성지능, 사회지능과 같은 다른 지능과의 연관성도 고려된 통찰이 요구된다.

문화지능에 대한 나의 초기 연구는 몇 주간 해외에 나가는 북미 학생들과 직장인들을 대상으로 진행되었다. 그들은 새로운 문화적 규범들에 적응하는 데 있어 계속되는 괴리를 느끼고 있었다. 문화 간 적응에 대한 의지가 있었고 또 훈련을 이미 받았음에도 다른 문화에 효과적으로 적응하기를 어려워했고 이는 내게 중요한 연구 주제로 다가왔다.

그동안 내가 참조했던 상호문화적 접근법들은 비현실적인 부분이 많아

보였다. 이 접근법들은 새로운 언어를 배우고 낯선 문화의 안과 밖의 복잡성을 이해하도록 돕는 것으로서 해외에서 살거나 일하는 데 많은 시간을 보낸 사람들을 위해 개발되었는데도 말이다. 관찰 결과 내가 동행했던 사람들은 그들에게 요청되는 일정한 단계에 도달하지 못했다. 다른 해결책이 필요함을 절실히 느끼는 순간이었다.

순 앙을 소개받고 그녀의 문화지능 연구에 관심을 가지게 되었다. 그녀의 연구 성과들을 공부하면서 나는 지속적인 관심을 가지고 참여하였다. 내가 도움을 주고자 했던 사람들을 위해 매우 필요한 작업이었기 때문이다. 나는 문화지능의 초기 연구자로서 가지는 특권과 그 글로벌한 연구그룹에 동참한 것에 감사하고 있다.

왜 문화지능은 네 가지 능력으로 구분되는가

지능의 여러 형태를 관통하는 한결같은 내용은 상호보완적인 네 개 요소의 결합이다. 감성적, 사회적, 실용적, 문화적 지능 어떤 것에도 이 네 개의 요소는 동일하다. 여기서 네 개의 요소란 동기, 인식, 메타 인식, 행동을 말한다.[9] 이들은 지능의 어떤 형태에서든 서로 밀접한 관계를 맺는다. 사람들 간의 관계를 위한 지식이 많다고 하더라도 행동하려는 의지가 없다면 사회지능은 작동할 수 없다. 어떤 사람이 실용적 상황에 대해 분석을 잘할 수 있다고 해도 실제 삶에서 행동으로 풀어보려고 하지 않는다면 실용지능은 작동하지 않는 것처럼 말이다.

같은 방식으로 문화지능 역시 동기, 인식, 메타 인식, 행동이라는 네 개의 요소로 구성된다. 나는 이 네 가지를 CQ-동기, CQ-지식, CQ-전략, CQ-행동으로 명명했다. 이것은 전적으로 독창적인 아이디어라기보다는 지능에 대한 기존의 학문적 작업에서 도움을 받은 것이다. 이러한 구성요소를 바탕으로 문화지능을 높이는 것은 다른 지능도 같이 강화시킬 수 있다.

문화지능은 어떻게 측정되는가

문화지능의 네 가지 구성 요소를 도출하는 것 이후의 작업은 문화지능을 측정하기 위해 경영학, 심리학, 사회학, 교육학, 인류학에서 찾은 지식을 활용하는 것이었다. 실제로 상호문화적 효율성에 대한 개인의 능력이 수치화될 수 있을까? 문화지능 측정법(Cultural Intelligence Scale)은 네 개의 능력을 각각 측정한 것[10]으로 2007년 발간된 상호문화능력 측정을 참조할 수 있다.[11]

상호문화능력과 같은 주관적인 어떤 것을 수치화시키는 일은 매우 어렵지만, 문화지능 측정법은 여러 시간대, 표본들, 문화들, 직업들을 통틀어 놀라운 일관성을 보여주고 있다. 높은 신뢰도를 지니고 있으며 예측 타당성 또한 높아지고 있다. 이 측정 결과들은 지금 기업, 정부, 자선단체, 대학 등에서 폭넓게 활용되고 있다.

필자가 운영하고 있는 문화지능센터(www.CulturalQ.com)에서는 온라인으로 문화지능 자가 테스트를 제공하고 있는데, 이 테스트 역시 문화지능 측정법에 기반을 두고 있다. 이는 여러분이 가진 문화지능의 강점과 약점에 대한 분석을 보여준다. 단 정직한 답변이 전제되어야만 한다. 우리의 목표는 여러분의 문화지능이 얼마나 높은가를 보고자 하는 것이 아니다. 여러분을 위해 네 가지 요소 가운데 어떤 부분이 강하고 약한지를 파악하여 개인적 발전을 위한 도구로 삼으려는 데 있다. 보다 구체적인 영역에 초점을 맞춰 나의 강점을 살리고 약점을 보완할 수 있을 것이다.

문화지능센터에서는 자가 테스트와 타인의 피드백을 포함한 문화지능 다중평가 역시 제공하고 있다. 즉 자신의 문화지능에 대한 개인적인 평가 이외에도 동료가 나를 대신해 유사한 질문에 답을 한다. 문화지능 다중평가는 더 완벽하고 신뢰할 만한 문화지능 그림을 제공한다. 왜냐하면 여러분이 자신을 평가한 것과 타인이 나를 보는 관점을 비교할 수 있기 때문이다. 포춘지 500대 기업에 선정된 다수의 회사, 정부관계자, 자선단체, 대학들이 그들의 리더십 개발 계획을 위해 이 문화지능 다중평가를 사용하고 있다.

온라인 평가를 통해 이 네 개의 문화지능 능력을 관찰함으로써 자신의 문화지능을 직접 살펴볼 수 있다. 타 문화와 상호 소통하는 것을 스스로 지켜보면서 동기, 지식, 전략, 행동을 자문해 보자.

타인의 문화지능을 살펴보기 위해서도 네 개 능력을 사용할 수 있다. 네개 중 어느 것이 가장 강한가? 높여야 하는 부분은 어느 영역인가? 타인을 관찰하고 상대할 때 그들만의 강점과 약점을 보게 되고 자신과도 비교해 볼 수 있다.

현재에도 문화지능에 관한 여러 가지 평가들이 테스트 되고 있다. 여러 문화적 상황에 대한 적응 방법들을 개발하기 위해 많은 연구가 세계의 대학에서 진행되고 있다.

더 나아가기

　문화지능 연구는 끝난 것이 아니다. 문화지능을 이해하고 발전시키기 위한 더 많은 내용이 연구되어야 한다. 많은 나라의 교수, 학생, 비즈니스 리더들이 어떻게 문화지능을 최고로 적용할지 함께 배워나가고 있다. 지금까지는 문화지능 연구의 대부분이 개인의 문화지능 평가와 계발을 위해 집중됐다. 하지만 더 최근 연구는 문화지능을 팀에서 혹은 사회네트워크에서 어떻게 평가하고 계발시킬지에 주목하고 있다. 한 회사가 누적되는 문화지능 점수를 가질 수 있는가? 종교 단체는 어떠한가? 도시나 지역의 문화지능을 다른 곳과 비교해 나타낼 수 있는가? 이것들은 매우 흥미로운 질문들이다.

　계속 늘어나고 있는 세계의 연구자와 실천가들이 문화지능의 연구와 적용을 위해 노력하고 있다. 문화지능은 어느 특정한 개인이나 조직에 속하지도 않고 그럴 수도 없다. 문화지능의 필요성은 말로 다 표현하지 못할 정도이다. 이 책을 읽는 독자 여러분은 이미 이러한 움직임에 동참하게 되었다. 여러분이 문화지능 평가를 받는다면 수치의 결과는 익명으로 처리되어 세계 문화지능 데이터베이스에 들어가게 된다. 문화지능을 통해 우리는 이 세계를 보다 즐겁게 살고 일하는 곳으로 만들 것이다.

문화지능의 차별성

문화지능은 문화역량에 대한 다른 접근법들과 비교해 다섯 가지 측면에서 차이가 난다.

① 문화지능은 실증적 연구에 기초한 메타 모델로서 문화다양성과 국제적 업무에 이바지한다. 문화지능의 최대 강점은 연구에 기반을 둔 개념으로서 문화다양성과 문화 간 리더십에 관한 많은 자료와 관점들을 종합한 체계성이다. 문화지능을 위해 측정된 자료들은 다양한 문화권 내의 다층적 표본들을 대상으로 수집된 것이다.

② 문화지능은 인간 지능에 대한 또 하나의 새로운 형태이다. 문화지능은 최근의 지능이론에 기초해 문화 간 효율성을 최대화하려는 유일한 접근법이다. 문화지능을 구성하고 있는 네 가지 능력은 지능이론이 제시하고 있는 네 가지 차원(동기, 인식, 메타 인식, 행동)을 따르고 있다. 세계적으로 인정받고 통용되고 있는 연구 결과이자 성과에 기반을 두고 있다. 문화지능은 지능의 특별한 형태로서 우리가 다양한 문화적 상황 안에서 효과적으로 적응하는 데 도움을 준다.[12]

③ 문화지능은 단순한 지식이 아니다. 문화지능의 접근법은 타 문화 이해라는 단순한 방법을 넘어선다. 물론 문화적 신념, 가치, 행동에서의 사회학적 차이들에 대한 이해도 중요하다. 그러나 타인과의 관계에서 나타나는 사회심리학적 역동성에 대한 이해가 포함되지 않는다면 불완전할 뿐이다.

④ 문화지능은 개인의 특성보다는 배우는 능력을 강조한다. 문화지능의 강

조점은 훈련과 교육, 경험 등을 통해 누구든지 문화지능을 높일 수 있다는 것이다. 문화지능은 고정된 것이 아니라 성장하고 발전되어 갈 수 있다. 타인과 관계 맺고 일을 해나가는 데 있어 어떻게 새로운 문화적 요소들을 받아들이고 있는가에 달려 있다.

⑤ 문화지능은 어느 특정한 하나의 문화에만 정통하려는 것이 아니다. 특정 문화에서의 효율성을 위해 그 문화에 대한 정보와 행동 등을 마스터하려는 것이 아니다. 대신에 문화지능은 전반적인 레퍼토리를 발전시키는 데 주안점을 둔다. 우리가 매일 접하는 문화 간의 장벽에 대한 이해와 기술 등 행동 전반에 걸친 레퍼토리의 개발이다.[13]

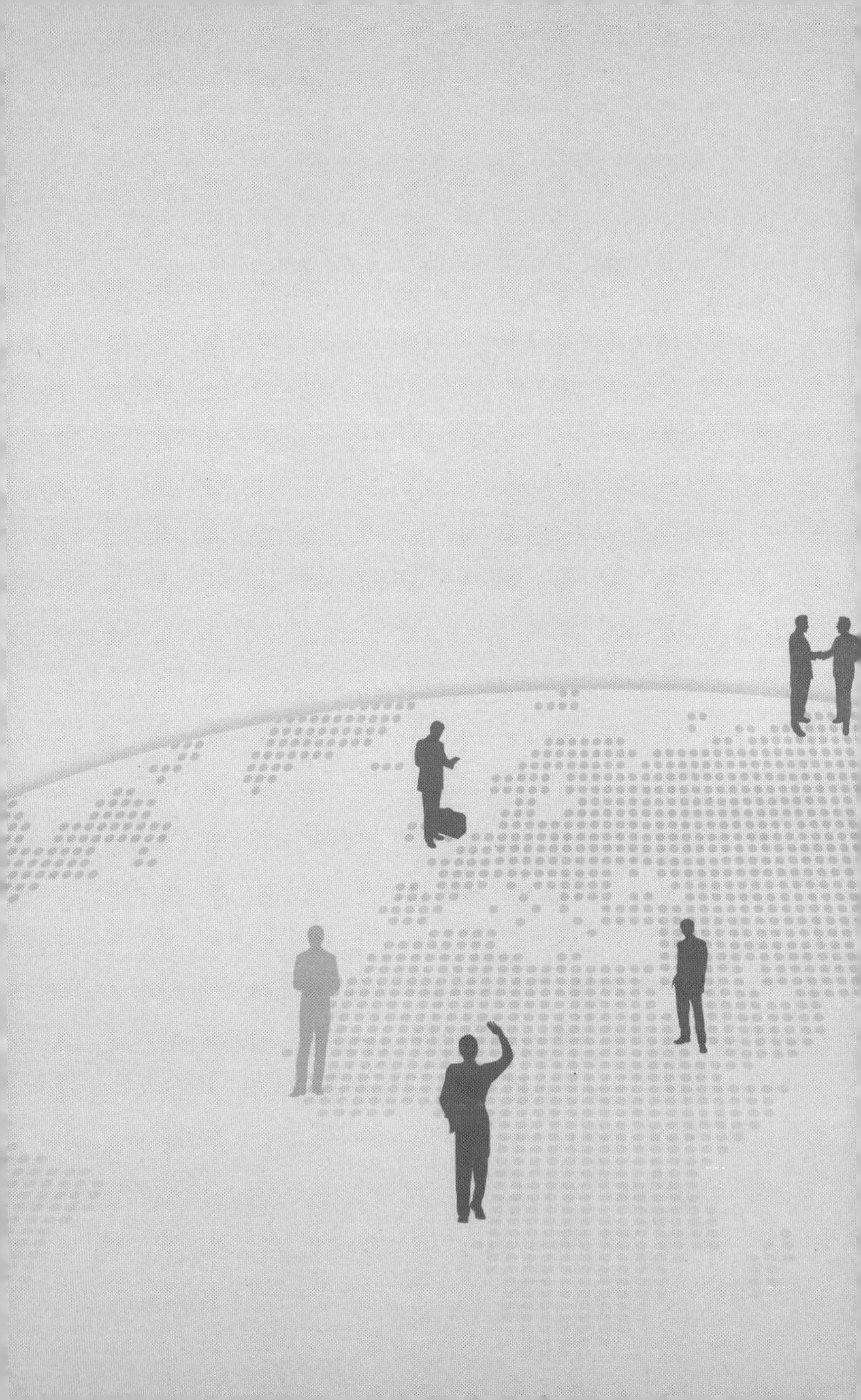

문화지능 향상을 위한 전략

지금부터 네 개의 장에 걸쳐 문화지능을 이루고 있는 네 가지 능력을 각각 어떻게 향상할 수 있는가에 대해 구체적으로 살펴볼 것이다. 사실 순서는 그리 상관없다. 차례대로 볼 수도 있고 아니면 장별 소개를 먼저 읽어본 후 각각에 제시된 예들을 살펴볼수도 있다. 각자에게 맞는 방법을 택하면 된다.

문화지능을 높일 수 있는 구체적인 전략 가운데 이미 실천에 옮기고 있는 것(가령 목표 설정, 육체적 건강이나 정신적 건강을 위한 공간 만들기, 체크리스트 만들기 등)도 있을 것이다. 높은 문화지능을 가진다고 해서 새로운 책임을 떠안는 것은 아니다. 하지만 다문화적 상황에서 효과적인 대처를 하기 위해 여기서 제시되는 전략적 도구들을 의도적으로 활용할 필요는 있다. 우리가 앞으로 살펴볼 전략들은 이미 학문적으로 연구되고 검증된 것들이다.

장마다 하나의 이야기가 사례로 제시되는데 문화지능이 결여되었을 때 발생할 수 있는 실제 상황들을 보여주는 것이다. 낯선 문화에 대면했을 때 우리 모두에게 적용될 수 있는 강점과 약점에 대한 이야기이다. 그리고 이와 같은 각각의 사례들이 어떻게 문화지능의 네 가지 능력과 연관되는지를 설명할 것이다.

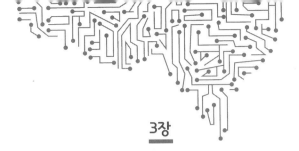

3장

문화지능 동기
: CQ-동기

다문화적 업무에 대한 필요성이 증대됨에 따라 일반적으로 제시되고 있는 것이 바로 비교문화 훈련이다. 그런데 문화 간 업무 효율성이라는 어려운 목표를 위한 이러한 훈련도 자발적인 동기가 수반되지 않는다면 수동적이고 비효율적인 훈련으로 전락할 수밖에 없다. 따라서 **CQ-동기는 다음과 같이 묻는다:** 다문화적 상황에서 불가피한 갈등과 도전을 헤쳐나갈 수 있는 확신과 동기가 있는가? 이 질문은 분명히 다문화적 업무의 성공적 수행을 위해 가장 중요한 것 중 하나이다.

• **CQ-동기:** 문화적으로 다양한 상황 안에서 어느 정도까지 지속적으로 에너지를 유지할 수 있다고 생각하는가? 여기에는 여러분의 능력에

대한 스스로의 확신은 물론 따라올 보상에 대한 것까지 포함된다. 즉 자기 확신과 같은 눈에 보이지 않는 측면에서부터 다문화적 상황에 효과적으로 대처함으로써 얻게 되는 여러 가지 실질적 보상까지 모두 동기 부분에 해당한다.

• **핵심 질문:** 다문화적 상황에서의 자기 확신과 동기가 어느 정도인가? 부족하다고 생각된다면 CQ-동기를 높이기 위해 무엇이 필요하겠는가?

문화지능 CQ가 필요한 실제 상황

로버트는 아프리카계 미국인으로 다문화적 이슈가 낯설지 않은 인디애나폴리스 텔레콤 회사의 재무 분야 최고책임자인 재무이사이다. 그가 회사 내에서 이러한 위치까지 승진한 것에 대해 가족들은 놀라워했다.

그의 아내 잉그리드는 독일 뮌헨 출신으로 시카고 대학교에서 로버트를 만나 결혼했다. 로버트와 잉그리드는 세 명의 아이들과 함께 단란한 가정을 꾸려가고 있다. 6피트 2인치인 로버트는 잉그리드보다 훨씬 키가 크다. 하지만 그녀는 지난달 10킬로 경주에서 로버트를 이겼다.

그들은 대학 졸업 후 인디애나로 이사했다. 잉그리드가 독일어 선생님 자리를 인디애나폴리스 고등학교에서 얻었기 때문이다. 그리고 지금 그녀는 교장이 되었다. 20년이 지난 지금 로버트와 잉그리드, 그리고 세 명의 아이들에게 인디애나폴리스는 고향과도 같다.

로버트는 평일 저녁 시간과 주말을 인디애나폴리스 교외에서 아이들과 자주 공놀이를 하며 보낸다. 이곳에 오기 전 대가족과 함께 살았던 시카고보다 이곳의 이웃과 친구들에게서 더욱 고향 같은 느낌을 받으며 살아가고 있다. 그리고 점점 시카고를 방문할 시간을 내기도 어려워지고 있다.

금요일 아침이다. 로버트는 여러 미팅으로 바쁜 일정을 보낸다. 이른 아침 운동을 끝내고 회사에 도착해 사무실에서 첫 번째로 하는 일은 그의 딸 사라와 스카이프로 영상통화를 하는 것이다.

사라는 이번 학기부터 헝가리 부다페스트에서 유학을 시작했다. 그녀는 함께 유학을 간 미국인 친구들이 금요일 저녁 식사로 'T.G.I Friday'에 가기로 했다며 진짜 헝가리 음식을 먹어보자고 설득 중이라고 했다. 그러나 친구들은 그냥 보통 음식을 먹고 싶을 뿐이라고 여전히 동의하지 않는다고 한다. 'T.G.I Friday'에 가면 무엇을 주문해 먹을지 다들 알고 있고, 서빙을 보는 사람과도 영어로 말을 할 수 있을 것이다. 로버트는 사라의 이야기를 듣는 동안 밤새 도착한 이메일들을 읽고 있었다. 그리고 사라에게 말했다.

"잘 생각해 봐. 친구들은 단지 햄버거를 먹고 싶을 뿐이야. 그게 틀린 것은 아니란다."

로버트는 오늘 아침 몇 개의 미팅이 잡혀 있는데, 처음 세 개는 새로운 행정 비서를 고용하기 위한 인터뷰이다. 지난번 행정 비서가 필요해 인사과에 부탁했는데 남자를 소개해 주었다. 물론 시대가 많이 바뀌었고 그 역시 열린 마음을 가져보려 했지만 여전히 남자 비서는 어딘지 좀 그랬던 것이다.

첫 번째 인터뷰는 새나였다. 키가 큰 올리브 피부의 젊은 여성이었는데 최근 남편과 함께 인디애나로 이사를 왔다. 인터뷰에 히잡을 쓰고 온 것으로 미루어 보아 무슬림으로 생각된다. 그녀의 이력은 탁월했다. 그러나 로버트는 어딘지 모를 불편함으로 확신이 서지 않았다. 그녀가 회사 문화에 잘 적응할 수 있을지도 염려가 되었고, 자신 역시 매일 무슬림 여성과 함께 일하기가 쉽게만 보이지는 않았다. 하지만 이것을 인사과에 그대로 말할 수는 없었다.

왜 쉽게만 보이지 않았을까? 로버트는 업무를 잘 수행할 수 있는 경쟁력 있는 사람을 찾고 있는 것뿐인데 말이다. 잉그리드와 8년간 일하고 있는 그녀의 행정 비서는 인디애나에서 평생을 살아온 부인이다. 인사과에서는 어째서 그런 사람을 찾아주지 못하는가?

로버트가 두 명의 여성과 더 인터뷰하고 나니 오늘의 가장 중요한 미팅 5분 전이다. 중동에 있는 한 텔레콤 회사의 이사 세 명이 로버트의 회사 내에서 실적이 좋은 한 곳을 매입하기 위해 온 것이다. 로버트는 자신의 CEO에게 그들이 매우 진지하게 매입을 고려하고 있다는 말을 해 놓은 상태이다.

CQ-동기가 필요한 이유

CQ-동기는 문화적으로 다양한 상황에 효과적으로 대응할 수 있는 관심과 확신이다. 그러나 이 부분이 문화다양성이나 해외여행 같은 이슈를 다룰 때 자주 간과되고 있다. 문화 차이에 대한 훈련 프로그램을 진행할 때 이 부분은 생략하고 바로 CQ-지식으로 넘어가 버린다. 하지만 충분한 동기 없이 다문화적 상황에 도전하는 훈련을 받게 되면 중도에 좌절하거나 실패할 확률이 매우 높다.

　로버트의 경우 고향인 시카고를 방문하는 횟수가 준 것에서부터 헝가리에 유학 간 딸과의 대화 방식, 좋은 행정 비서에 대한 가정들을 보면 그의 CQ-동기를 어느 정도 짐작할 수 있다. 문화적으로 다양한 상황에 효과적으로 대응하기 위한 동기 부여의 전략이 필요하다.

　다시 한 번 CQ-동기는 묻는다: 여러분은 다문화적 상황에서 불가피한 갈등과 도전을 잘 헤쳐나갈 수 있는 확신과 동기가 있는가? 다문화적 상황에 대한 도전을 *기꺼이* 수용하고 인내하고자 하는 능력이 바로 문화지능만의 독창적이면서도 가장 중요한 측면이다. 해외로 공부를 하러 간 학생들을 보면 대개 학교 수업이나 답사 프로그램 혹은 학교 주변의 펍(pub)에 많은 시간을 할애한다. 거주하고 있는 지역의 이국적인 문화와 사람들을 알고자 하는 데는 상대적으로 관심이 덜하다. 해외 지사로 파견되는 직원들 역시 현지 문화를 이해하는 프로그램에 참여하기는 하지만 의무사항이기 때문에 어쩔 수 없이 이수하는 경우가 많다. 앞으로 겪을 새로운 문화에 대해 진정으로 이해를 높이려는 생각보다는 어떻게 자신과 가족이 이사하고 적응하는가에 더 걱정이 많다.

　CQ-동기가 높으면 다른 문화에 대한 내적인 관심과 더불어 그 문화에 대해 자연스럽고 효과적으로 관계할 수 있다는 확신이 있다. 아마 사라에게는 헝가리 문화가 다른 미국인 친구들과는 달리 그렇게 낯설지 않을 것이다. 그녀의 어머니가 독일인이기 때문이다. 높은 CQ-동기를 가진 사람은 새롭고 다양한 문화적 환경을 배우고 적응하려는 충분한 동기가 있다. 적응력에 대한 확신은 다문화적 상황에서 행동하는 방식에 영향을 미친다.

여러분이 높은 CQ-동기를 가졌다면 다른 문화에 대한 호기심과 관심을 공유하려 하지 않는 사람들에게 쉽게 불만을 가질 수 있다. 그들에게 외국에서 겪은 새로운 이야기나 그 나라 특유의 전통 음식에 대해 이야기한다 하더라도 그들은 그저 멍한 눈으로 빤히 바라볼지도 모른다. 모두가 다른 문화에 대해 똑같은 열정을 가지고 있지 않다는 사실을 명심해야 한다.

CQ-동기의 세 가지 영역

CQ-동기 향상을 위해 세 개의 영역, 곧 내적 동기, 외적 동기, 자기효능감(self-efficacy)에 대한 실천 리스트가 도움이 될 것이다. 광범위한 연구를 통해 여러분의 CQ-동기를 높이고 효과적인 다문화적 상호 소통을 지속시키기 위함이다.[1]

① 내적 동기: 다문화적 상황에 대한 자연스러운 흥미와 즐거움에 대한 정도이다. 점수가 높을수록 다른 문화를 탐험하는 데 에너지와 열정을 가지고 있다는 뜻이고, 낮을수록 문화적으로 다양한 경험에서 즐거움을 찾지 못한다는 의미이다.
② 외적 동기: 다문화적 상호관계와 경험으로부터 얻을 수 있는 가시적 이득에 관한 정도이다. 높은 점수는 효과적인 다문화적 업무로 인해 성과가 쌓이고 이러한 경력의 축적이 성공에 도움이 된다는 인지이다. 점수가 낮을수록 다문화적 경험의 외적 이득에 대한 생각이 적다는 것을 의미한다.

③ 자기효능감: 다문화적 업무를 효과적으로 해낼 수 있다는 확신의 정도이다. 점수가 높을수록 다문화적 만남에 성공을 예상한다는 의미이고, 낮은 점수는 확신이 없거나 걱정하고 있다는 것을 의미한다.

CQ-동기의 세 가지 하위 항목인 내적 동기, 외적 동기, 자기효능감에 대한 더욱 구체적인 내용은 이어지는 전략 리스트를 보면서 상세히 논의하자.

CQ-동기 높이기

다음은 CQ-동기를 향상하는 데 도움이 되는 전략 리스트이다. 이 전략들은 모두 다문화적 상황에서의 동기를 위해 과학적 연구를 기반으로 만들어졌다. 모든 전략을 지금 당장 한꺼번에 사용할 필요는 없다. CQ-동기를 향상하기 위한 여러 방법이 있으므로 가장 흥미를 끄는 것부터 시작해보자.

① 편견과 선입견을 인정하라. ② 흥미를 끄는 것부터 시작하라. ③ 두려움을 활용하라.	내적 동기
④ 머릿속에 성공을 그려 보라. ⑤ 스스로에게 보상하라. ⑥ 에너지를 충전시켜라.	외적 동기

| ⑦ 통제력을 향상시켜라. | 자기효능감 |
| ⑧ 여행을 떠나라. | |

1. 편견과 선입견을 인정하라

여러분은 어느 문화에 자연스럽게 끌리는가? 반대로 어색하거나 불편함을 느끼는 문화는 무엇인가? 혹자는 모두가 같은 시각과 관점을 가졌다고 말하고 싶을지 모르겠지만, 사실은 그와 정반대다. 누군가를 만났을 때 우리의 잠재의식은 이미 상대를 친구 아니면 적으로 구분하려 한다. 이를 부정하기란 쉽지 않다. 자, 이제 어떤 문화가 여러분을 자극하여 방어하도록 하고 불편하게 만드는지 정직하게 바라보라. CQ-동기를 늘리는 중요한 전략은 여러분이 대해야 하는 어떤 그룹의 사람들을 향한 내적 편견과 선입견을 있는 그대로 인정하고 그것들을 극복하기 위해 노력하는 것이다.[2]

우리는 태어나는 순간부터 세계를 바라보는 나름대로의 방식을 습득하게 된다. 이러한 사회화 과정의 대부분은 잠재의식 속에서 일어난다. 부모로부터 정상적인 것과 비정상적인 것의 차이를 배우고, 그것들로부터 옳은 것과 그른 것, 혹은 성공과 실패에 대해 구분 짓는 법을 알아가게 된다. 유년시절의 이런 습득은 가족, 이웃, 학교 등의 관계 속에서 계속 확장되어 결국 세계를 바라보는 자신만의 시각으로 발전한다. 대개 가정에서 처음 배웠던 것들이 강하게 굳어지는 경향이 많다. 좋은 매너와 나쁜 매너가 무엇인지, 남자와 여자의 차이는 무엇인지, 어떻게 해야 인생에서 성공할 수 있는지 등을 가정에서부터 배우기 시작한다. 어떻게 행동해야 하는지에 대한 방법들을 발견하고 배워가면서 그것을 따르지 않는 사람들에게 일어나는 결과를 지켜본다. 고등학교를 졸업하고 대학을 가고 다시 직장을 다니면서 우리는 계속해서 무엇이 중요하고 바람직한지를 배우게 된다.

대부분은 비슷한 사람들과 함께 있을 때 신뢰와 따뜻함을 느낀다. 우리와 다른 사람에 대해서는 불편함을 느끼고 심지어 수상쩍은 의심마저 품을 수 있다. 세상을 보는 눈이 같은 사람들과 함께 있다는 것은 안전함과 안정성을 느끼게 한다. 함께 즐거움을 나누고 함께 불평하며 같은 문화, 나아가 세계관을 공유한다는 것은 공동의 기억을 만들어가는 과정이 될 수 있다. 그러나 이것은 세상을 자신과 다르게 바라보는 사람들에 대한 편견과 선입견을 강화시켜 나가는 것이다.

우리는 모두 내적 편견을 가지고 있다. 이 사실을 인정하는 것에서부터 출발하는 것이 중요하다. 여러분의 편견을 탐험하는 한 가지 방법은 하버드대학에서 개발한 내재적 연상 테스트(implicit association tests)를 받아보는 것이다. 이 테스트는 사람들의 피부색, 체중, 나이, 종교 등에 따른 내적 편견들을 추적해 보는 것인데, 대단히 흥미롭다. 테스트는 https://implicit. harvard.edu/implicit에서 받을 수 있다. 어떤 그룹에 대한 우리의 자연스러운 반응을 보여주는 것으로 편견을 정직하게 드러내는 것이 목적이다. 편견에 정직할 때 상대와의 관계를 보다 절제되고 유연하게 만들어갈 수 있기 때문이다. 새로운 누군가를 만날 때마다 그들의 문화적 배경에 따라 서로 바라보는 것이 아니라 같은 인간이란 관점으로 대하는 노력이 중요하다.

로버트와 새나 이야기로 돌아가 보자. 로버트가 그의 내적 편견들을 멈추고 인정했더라면 도움이 되었을 것이다. 남자의 직업은 어떤 것이어야하며, 다른 종교를 가진 사람과 가까이 일하는 것은 불편하다는 편견 말이다. 시카고 남부에 있는 고향을 방문하는 것에 대한 그의 내적 거부감도 그렇다. 아무리 바쁘더라도 우리에게 정말 중요한 사람들을 만나 볼 시간은 만들 수 있다. 로버트에게 먼저 필요한 것은 자신의 편견을 인정하는 것이다. 편견은 그의 행동결정 능력을 약하게 만들 수 있다.

편견은 피할 수 없다. 그렇다고 편견에 따라 행동해야만 하는 것도 아니다. 여러분이 가진 내면의 편견들이 무엇인지 배우는 시간이 필요하다. 그리고 그것이 얼마나 많이 여러분의 생각과 행동에 영향을 미치는지 돌아보면 좋겠다. 좋지 않은 편견을 가졌던 문화권의 사람을 만난다면 편견에 의한 고정관념을 넘어서 그를 대하려는 의도적인 노력을 시도해 보자.

2. 흥미를 끄는 것부터 시작하라

자신을 즐겁게 하는 취미들을 생각해 보자. 어느 것이든 좋다. 가령 요리, 운동, 패션, 사진, 음악 등 지금 여러분의 흥미를 자극하는 대상을 찾아 다른 문화의 이해를 위한 주제로 삼아보자. 우리 관심거리의 대부분은 다른 문화권에도 존재한다. 이 전략은 CQ-동기를 향상하기 위한 자연스러운 출발점이 될 수 있다. 흥미와 관심거리를 찾아서 다른 문화권을 이해하려는 동기로 활용해 보자.[3]

예술을 좋아한다면 어떤 예술적 표현들이 다른 문화에 있는지 찾아볼 수 있다. 스포츠를 좋아한다면 어떤 스포츠가 그곳에서 인기가 있는지 찾아보자. 그리고 직접 그 스포츠 경기도 관람해 보는 것이다. 미식가라면 선택은 무궁무진하다. 비즈니스 때문에 다른 문화에서 먹고, 마시고, 잔다면 그곳 문화를 이해하려는 노력을 통해 새로운 사업적 통찰을 얻을 수 있다.

나는 조깅을 정말 좋아한다. 그래서 새로운 장소에 가게 되면 첫 번째 하는 일이 바로 조깅할 장소를 찾는 것이다. 시차 적응에도 도움이 되고 다른 지역의 경관과 소리를 느낄 수도 있기 때문이다. 지역마다 다른 육체적 도전을 요구하는데, 방콕의 습한 기후를 달릴 때가 그렇고 두바이의 사막 기후를 달릴 때도 그렇다. 도시 한가운데를 달리는 것과 알프스 산악지대를 달리는 것도 다르다. 내가 여행하는 곳을 달려보는 것은 내 흥미를 끄는 관심 중에서 중요한 것이다. 또한 새로운 곳을 여행할 때마다 기대되는 것 중 하나이다.

물론 단순히 자신의 이기석 관심과 흥미 때문에 다른 문화와 그곳의 사람들을 이용해서는 안 된다는 점은 주의해야 한다. 그러나 문화지능의 여러 요소와 결합하는 우리의 자연스러운 관심과 흥미는 CQ-동기 향상을 위한 강력한 연결고리를 제공할 것이다.

3. 두려움을 활용하라

많은 정치인이나 마케팅 담당자들은 우리에게 동기를 유발하려는 의도로 두려움을 이용하고 있다. 뇌 연구가들에 따르면 인간이 집착하는 것 중의 하나가 자신이 사랑하는 것에 대한 위험을 최소화하려 한다는 점이다. 겁을 먹거나 두려움을 느낄 때 우리는 주의를 기울여 집중하게 된다. 매우 조심스러워진다는 말이다. 두려움은 내면으로부터 즉각적인 경계와 주의를 유발한다. 고속도로를 운전하고 있을 때 졸음이 온다면 무슨 일이 일어나겠는가? 갑자기 도로 위의 요철을 '쿵' 하고 지나갔다고 생각해 보자. 정신이 번쩍 들 것이다. 이와 유사한 긴장은 대중 앞에서 말하기를 두려워하는 많은 사람들에게도 일어난다. 우리의 뇌는 두려움을 느끼고 있을 때 높

은 수치의 아드레날린을 분비한다.[4]

많은 정치인, 전문가, 종교 지도자들 사이에서 두려움을 활용한 전략이 인기를 얻고 있음에도 나는 두려움을 이용하여 사람들을 자극하는 것을 그리 좋아하지는 않는다. 사실 실제로 큰 위험을 예방하는 것이 아니라면 선호하지 않는다. 그러나 육체적이고 정신적인 안위는 물론 직업적 능력 발휘를 위한 CQ-동기 향상에 이바지한다면 그 적절한 활용도 필요하다고 본다.[5]

두려움에 의한 아드레날린 분비를 경험하기 위해 실제 위험에 처할 필요는 없다. 영화 속에서 어떤 공격이 막 일어나려고 할 때 당신의 심장이 막 뛰고 있는 것을 상상해 보자. 아무것도 모르고 서 있는 희생자에게 악당이 천천히 다가가는 모습을 보고 있으면 심장은 빠르게 뛰기 시작한다. 두려움은 정신을 또렷하게 만든다. 그것이 실제에 근거하지 않더라도 말이다. CQ-동기를 향상하기 위해 두려움을 이용하는 것은 문화지능이 낮을 때 치러야 할 비용을 생각한다면 쉽게 받아들일 수 있다. 문화지능이 매우 낮을 때 생길 수 있는 문제 중 하나는 무지로 인해 어리석은 자아도취에 빠진 사람처럼 보이게 만들 수도 있다는 것이다. 더 나쁜 경우 문화적 무지가 좋은 기회를 놓치게 하고 일자리를 잃게 하며 심지어는 삶을 위험에 빠트릴 수도 있다.

한번은 라이베리아의 선생님들이 학교를 짓기 위해 라이베리아에 온 미국 건설 팀과의 경험담을 이야기해 준 적이 있다. 라이베리아는 당시 몇 년간의 시민전쟁을 겪은 직후라 국가 재건에 관심과 투자를 아끼지 않은 미국에 감사한 마음이었다. 하지만 미국 건설 팀이 학교를 짓기 시작한 후 라이베리아 사람들은 한 가지를 정중하게 제안했다. 학교 지붕에 관한 것이었는데, 지역 특성상 열대기후라 이에 맞은 지붕의 종류가 따로 있으며, 또 그것이 비용도 저렴하다는 것이었다. 그러나 미국인들은 잘 모르고 하는 소리라며 조언을 무시했다. 전 세계를 다니며 해온 일이라 학교 지붕은 자기네 방식으로 짓겠다고 거절한 것이다. 그리고 3개월 후, 몬순이 왔고 지붕이 무너져 내려 많은 학생들이 죽거나 다치는 사고가 발생했다. 나와 다른 문화 사람들이 하는 말을 새겨듣는다는 것은 단지 존중하는 마음으로 상대를 대하는 것 이상이다. 삶과 죽음의 문제일 수도 있기 때문이다.

CQ-동기를 높이기 위해 두려움이 가지고 있는 힘을 이용해 보자. 문화적 무지가 앞으로의 커리어에 어떤 영향을 미칠지 상상해 보라. 점점 더 많은 조직에서 다문화적 상황에 비효율적일 때 비용이 얼마나 발생하는지 고민하고 있다. 이들이 하는 질문 가운데 몇 가지를 살펴보자.

- 조직 내의 누가 혹은 어느 팀이 다국적 사업에서 큰 손실을 초래했는가? 그들이 지불한 비용은 얼마였나? 시간당으로 계산하면 그 손해가 얼마인가?
- 얼마나 많은 직원들이 그 손실에 연루되었는가? 그들이 허비한 시간은 비용으로 얼마인가?
- 이 실패한 사업 때문에 놓친 다른 기회들은 무엇인가?

여러분이 속한 기업이 다국적 시장에 진출하여 생길 손실을 상상해 보자. 이 두려움을 성공적인 다문화적 업무를 위한 자신의 동기로 활용해 보면 어떨까?

부다페스트에 있는 사라의 룸메이트는 'T.G.I. Friday'에 가는 것이 친숙하기 때문에 더 편안함을 느낀다. 그녀가 예상하기로 그곳에서는 종업원이 영어를 쓰고 이것이 그녀에게 안정감을 준다. 그러나 동료들과 함께 친숙하지 않은 곳에 가 보는 것은 혼자 가는 것보다는 덜 위협적일 수 있다. 아마 그녀의 두려움은 함께 갈 수 있는 헝가리 학생을 찾는 동기가 될 수도 있을 것이다. 이는 미국 학생들이 헝가리 말을 해볼 좋은 기회이자 멀리서 단지 관찰하는 것보다 지역에 더 가까이 들어가 상호 소통할 기회가 될 수 있다. 헝가리의 여러 지역을 배우고 상호 소통해 보는 것은 부다페스트에서 수업만 참석하는 것보다 차후에 직장을 구할 때에도 훨씬 더 많은 기회와 도움이 될 수 있다. 무엇이 자신에게 가장 위협이 될 수 있는지 상상해 보자. 그리고 이 두려움을 문화지능을 향상하는 방향으로 활용할 방법을 찾아보자.

4. 머릿속에 성공을 그려 보라

나는 영원한 긍정주의자다. 그래서 두려움보다는 기회와 성공의 가능성을 가지고 사람들에게 동기를 자극하기를 더 좋아한다. 낮은 문화지능으로 인해 일어날 수 있는 실패를 상상해 보는 것 대신에 반대로 긍정적인 상상을 해 보자.

다른 문화적 배경으로부터 온 누군가와 성공적으로 소통하는 모습을 생각해 보자. 그 경험을 통해 당신은 무엇을 배울 수 있는가? 문화권을 넘나들며 성공하는 자신을 상상해 보자. 이에 상응하는 이익이 자신의 CQ-동기에 강하게 영향을 줄 수 있다. 정말 어려운 상황들은 생각보다 그렇게 자주 찾아오지 않는다. 가장 어려울 수 있는 종류의 다문화적 상황들을 그려보자. 예를 들어 어떤 피드백도 주지 않는 미래의 고객과 가격을 협상하는 것을 상상해 보자. 그리고 자신이 성공적이라고 느낄 수 있으려면 어떻게 해나가야 할지 상상해 보자. 상상의 시나리오를 머릿속에 단계별로 차례차례 그려 보라. 과학자들은 긍정적인 결과, 즉 어떤 것이든 뇌가 앞으로의 보상으로 인지하는 결과를 예상하는 것이 실제로 에너지를 만들어 낸다고 밝힌 바 있다.[6]

문화지능이 향상될 때 얻을 수 있는 눈에 보이는 이득을 리스트로 만들어 보자. 우리는 1장에서 높은 문화지능으로 얻을 수 있는 여러 이점들(문화 간 적응력, 업무 수행능력, 개인적 삶의 질, 수익성)을 살펴보았다. 이것들을 자주 띠올려 보라. 조직에서 의사결정 능력이 최고로 뛰어난 사람이자 최고의 협상가요, 최고의 네트워크를 가진 사람이 자신임을 상상해 보는 것이다. 이것은 향상된 문화지능으로 인해 실제로 일어날 수 있는 상황이다. 이런 것들을 생각한다면 동기 유발의 강력한 원천이 될 수 있다.

문화지능을 향상하는 것은 다문화적 능력의 효율성은 물론 다음과 같은 항목의 가능성을 증대시킨다.

- 당신이 원하는 꿈의 직장 구하기
- 혁신가로서 경쟁력 있는 틈새시장을 발견하는 것
- 새롭고 다양한 사람들과 우정을 쌓아가기
- 새로운 원동력으로 인해 주도적인 활동가가 되는 것
- 당신의 신념을 넓고 깊게 펼치는 것
- 무엇보다 중요한 돈을 많이 버는 것

문화적 무지로 일어날 수 있는 상황에 대해 두려움을 활용했듯이 향상된 문화지능으로 다가올 성공을 상상해 보자. 비록 다문화적 상황이 포함하는 모든 것들에 관심이 가지는 않겠지만, 자신에게 정말 중요한 것을 실제로 성공시킬 가능성이 문화지능과 관계되고 있음을 생각해 보아야 한다. 여러분을 기다리고 있는 기회들을 즐기기 위한 하나의 방편으로서 문화지능에 우선순위를 두고자 할 것이다.

5. 스스로에게 보상하라

심리학자들은 행동을 바꾸기 위한 한 방법으로 보상의 힘을 계속 연구해 오고 있다. 중독을 끊게 한다든지 돈을 모은다든지 운동을 한다든지 하는 것들에서 말이다. 우리는 이 방법을 아이들에게 늘 사용한다. 아이들에게 특정한 보상을 약속함으로써 어떤 것을 하게 한다. 이것이 바로 CQ-동기 향상을 위한 또 다른 전략이다.[7]

이 전략에서 효과를 얻기 위해서는 우선 문화지능 향상을 위한 당신만의 목표를 설정할 필요가 있다. 목표는 우리의 뇌가 특정한 종착지를 향해 움직이도록 유도한다. 여기서 목표는 현실적으로 실현 가능한 것이어야 한다. 그렇지 않으면 오히려 CQ-동기를 감소시킬 수 있다. 너무 많은 목표도 금물이다.[8]

지금 당장 목표에 도달했을 때 얻게 될 몇 가지 보상을 만들어 보자. 보상이 없다면 문화지능 향상을 위해 필요한 인내를 포기해버릴 수도 있다. 거창한 것에만 보상하지 마라. 작은 성과들에도 보상하자. 자신의 목표가 다른 언어를 배우는 5단계 학습이라면 단계마다 보상해 주어야 한다.

그 보상이 목표와 관련된 것이라면 더욱 이상적이다. 가령 스페인어를 공부하기로 했다고 하자. 일정 수준의 목표를 달성하면 멕시코 식당에 가서 즐거운 식사를 할 수 있도록 하는 것이다. 물론 보상이 목표와 직접적인 연관이 없더라도 동기 유발을 위해서는 좋은 방법이 된다. 다음에는 행동을 더욱 강화시켜 나가도록 어떤 것을 보상하자. 이는 간단하게 내가 좋아하는 TV 쇼를 보는 것일 수도, 좋아하는 음식을 먹는 것일 수도, 심지어 느긋하게 몇 분 쉬는 것일 수도 있다.

가장 중요한 것은 목표를 달성한 직후 바로 그에 합당한 보상을 해주어야 한다는 것이다. 이런 즉각적인 보상으로 인한 만족감은 문화지능 향상을 위한 학습 과정에 있어 매우 긍정적인 힘을 발휘할 수 있다. 여러 종류의 보상들을 실험해 보고 자신에게 가장 맞는 것을 취하면 좋다.

나아가 궁극적으로는 보다 깊고 내밀하며 초월적인 어떤 것이 우리를 유도하도록 할 필요가 있다. 사실 문화지능은 세계와 인간에 대한 진실한 사랑 없이는 존재할 수 없다.[9] 문화지능의 핵심에는 타인에 대해 그리고 타인과 함께 배우고자 하는 욕망이 있다. 그러므로 우리의 동기 유발이 어느 지점에서는 스스로에게 주는 보상을 넘어설 필요가 있다는 것이다. 개인적인 보상보다 더 가치 있는 일이 있다면 그것들에 참여해 보자. 이런 식의 보상은 우리가 문화지능 향상을 위한 노력을 지속시켜 나가는 데 도움이 될 것이다.

6. 에너지를 충전시켜라

문화 간 상호 소통과 업무는 피로감을 불러오기 마련이다. 아무리 높은 문화지능의 소유자라 할지라도 같은 문화가 아닌 다른 문화에서의 일과 인간관계에 진이 빠지게 된다. 로버트가 새나와 인터뷰했을 때 평소보다 더 힘이 들었던 것과 마찬가지다. 많은 에너지가 있어야 하는 집중력은 문화 간 소통에서 반드시 요청되는 것이다. 당신이 다른 문화의 한가운데에 있다면 곧 다가올 배터리 방전에 대비한 충전이 필요하다. 그렇지 않으면 피로감으로 지쳐버리게 될 것이다. 우리의 몸과 마음은 건강을 위해 재충전되어야 한다.

배터리를 충전시키는 방법들은 다양하다. 신체적 정신적 안정은 CQ-동기와 직접적으로 연결되어 있다. CQ-동기를 높이기 위한 좋은 방법의 하나는 낮잠을 자는 것이다. 수면, 운동, 건강식은 에너지를 충전시키는 데 도움이 된다. 조깅이나 커피 한 잔을 마시는 것도 좋다. 여가 활동을 위한 약간의 여유를 남겨두자. 골프 한 라운드도 좋고, 동료나 친구들과 시간을 보내도 좋다. 어떤 이들에게는 스케줄이 없는 날 집에서 쉬는 것이 충전을 위한 가장 좋은 방법이 될 것이고, 어떤 이들에게는 힘든 운동을 하거나 친구들과 하루를 바쁘게 보내는 것이 충전의 방법이 된다. 무엇이든 몸과 마음의 건강을 챙기는 것은 매우 중요한데, 이는 다문화적 상황에서 효과적이고 탄력 있는 능력을 발휘하기 위함이다.

CQ-동기를 위해서는 건강과 활력이 중요한데, 이는 특히 국제적인 여행을 동반한 다문화적 활동일 경우에 그러하다. 다문화적 소통의 고된 업무는 장거리 여행과 이로 인한 시차 적응으로 인해 더 힘들 때가 많다. 시차 적응을 위한 많은 추천 테크닉을 온라인상에서 찾을 수 있을 것이다. 비행기에 타면 목적지의 시간으로 시계를 바꾸어 놓는다든지 오후 낮잠을 잔다든지 햇볕을 많이 쬔다든지 아침에 운동한다든지 하는 것 말이다. 자신에게 가장 적합한 것을 찾으면 좋다. 다문화적 업무에서 신체적 활력의 중요성을 대수롭지 않게 여기지 마라. CQ-동기에서는 신체적, 정신적 에너지 둘 다 중요하다.

나는 여행 가는 곳이 어디든지 간에 그곳의 문화에 몰입하려고 하는데 음식 역시 가능하면 현지 음식을 먹으려 한다. 낯선 곳에서 며칠간 여행을 하다 보면 우연히 먹은 음식이 무척 입에 맞는 경우도 있다. 만약 평소에 인도 음식을 먹는다면 카레를 먹는 것이 재충전에 도움이 될 수도 있다. 당신이 스타벅스 중독이라면 임시방편이지만 그것도 충전에 도움을 줄 수 있다.

배터리를 충전하는 또 다른 방법은 첨단기기와 떨어져 지내는 것이다. 항상 스마트폰에 연결된 사람은 늘 피로하기도 하거니와 점점 바보가 될 수도 있다. 런던 대학의 한 연구에 의하면 이메일, 문자, SNS에 끊임없이 접속하는 사람은 아이큐가 10점 정도 떨어진다고 한다. 연구자들은 우리가 기계에 계속 접속하는 것은 규칙적으로 하룻밤 자는 것을 포기하는 것과 같다는 사실을 발견했다. 문제는 기계를 사용하는 것 자체가 아니라 깊이 사고하는 습관이 줄어든다는 점이다. 기계에 대한 접속을 끊지 않으면 정신 건강에도 좋지 않다는 것이 문제이다.[10]

기계가 필요한 시간과 깊은 사고를 요하는 시간을 구별해서 대할 필요가 있다. 이것은 CQ-동기와는 별개의 의미가 있는 것처럼 보일 수도 있으나 다문화적 업무에서 당신의 에너지를 높이는 것과 밀접한 관계가 있다.

로버트가 헝가리에 있는 딸과 이야기를 나누면서 동시에 이메일을 체크하고 있었다고 비판하기 전에 우리 역시 그렇지 않았는지 생각해 보자. 멀티태스크(multi-task)가 가능하다고 자부심을 가진 사람들은 하나의 연구 결과를 주목할 필요가 있는데, 누구든 동시에 여러 일을 처리하는 경우 어느 하나에도 깊게 집중하는 정도가 부족하다고 한다. 로버트는 진정으로 그의 딸과 소통했다고 말할 수 없다. 그는 동료가 보낸 이메일에 대해서도, 다문화적 이슈에 대해서도 깊게 사고할 수 없었다.

이메일을 닫고 활기찬 산책을 하고 밤엔 깊은 숙면을 취할 수 있다면 그것은 당신의 CQ-동기 향상에 도움을 줄 수 있다. 어쩌면 지금 이 책을 덮고 가볍고 편안한 마음으로 낮잠을 자 보는 것은 어떨까?

7. 통제력을 향상시켜라

대부분의 문화 간 트레이닝은 유연함과 융통성을 강조한다. 필자 역시 그런 유연함의 중요성에 전적으로 동의한다. 하지만 그것이 도를 지나치면 어떤 계획과 노력도 필요하지 않다는 식의 태도로 비칠 수 있다. 때때로 유연함은 게으름과 무계획의 변명일 수 있기 때문이다. CQ-동기는 주어진 상황에 대한 통제력과 직접적으로 연관되는 자율성을 가질 때 향상될 수 있다.[11]

모든 인간과 동물들은 자기 통제의 상실 때문에 위험에 처하게 된다고 한다. 예일 대학의 신경생리학자 에이미 안스텐(Amy Arnsten)은 통제 가능하다는 느낌이 사람들의 행위에 어떻게 영향을 미치는지 연구했다. 인간의 뇌는 사실 통제력을 잃어버리게 되면 효과적으로 대응하지 못한다. 반대로 (그것이 비록 환상이더라도) 통제력을 갖고 있다는 믿음은 뇌의 긍정적 기능에 보탬이 된다. 통제력을 갖고 있다는 지각은 행동의 동기유발에 매우 좋은 수단이다.[12]

예상치 못한 결과로서 닥친 어떤 상황을 우리 스스로 멈출 방법이 없다고 생각될 때 우리는 가장 치명적인 스트레스를 받는다. 직장을 잃었거나 연인과 헤어졌을 때 이것이 절대 수습할 수 없는 상황이라고 판단되면 스트레스는 심신을 쇠약하게 만들 수 있다. 그러나 스트레스가 본인의 자발적인 것, 가령 새로운 운동을 시작하거나 대학 졸업장을 따려고 하는 등이라면 이 스트레스는 오히려 동기를 유발하는 역할을 할 수 있다. 왜냐하면 우리 스스로가 선택해서 자신에게 부여한 것이기 때문이다.

우리는 종종 통제력을 얻는 문제 때문에 안정적인 직장을 그만두고 자신의 사업을 시작하는 사람들을 주변에서 본다. 많은 사람들이 고용주의 심한 요구들로부터의 해방을 원하기 때문에 그런 일을 실행에 옮긴다. 그러나 창업자들은 보통 이전보다 더 많은 일을 하고 수입은 줄어들 수 있다. 그럼에도 자신의 사업이기에 선택을 자유롭게 하며 높은 동기 부여를 가질 수 있는 것이다.

반대로 우리는 통제권을 잃어버렸다고 느끼면, 예를 들어 해외여행에서 이동과 의사소통 문제 등에서 완전히 가이드에게 의지할 경우, 종종 위협감을 느끼게 된다.[13] 천천히 한번 시작해 보자. 가벼운 산책을 해 보고 상점에도 가 보고 신문도 사보자. 대중교통도 혼자 힘으로 타 보자. 이렇듯 자신만의 통제력이 향상되었다는 만족감은 오히려 상황을 역전시켜 당신의 CQ-동기를 높여줄 수 있다.

문화 간 상호 소통의 경험을 통해 어떤 것을 배울 때 그것은 상당수 예상할 수 없는 것들이 많다. 하지만 많은 것들이 또한 예상 밖의 것만은 아니다. 가령 여행 동안 단순히 통제력을 유지하는 데 시간을 들이기만 해도 CQ-동기가 향상되는 것을 느낄 수 있다. 이를 위해서는 미리 약간의 계획이 필요하다. 조깅을 하고 싶다면 스케줄 체크 후 장소, 시간, 방법을 찾아서 시도해 보자. 만약 가족과 친구와의 연락 유지가 중요하다면 약간의 노력으로 집에 전화하기 위해 분당 3달러 이상 들지 않는 장소를 찾아내는 것이 도움이 된다.

통제력은 특히 매우 개인주의적 성향의 문화(대부분의 서양 문화)에서 온 사람들에게 더욱 필요하다. 스스로의 운명을 개척하는 데 익숙한 문화이다. 때문에 스스로가 선택할 수 있는 것들을 찾았을 때 스트레스가 줄어들 것이다. 여행을 한다면 완전히 타인에게 의지하지 않기 위해 어떻게 대처할지 배워라. 다른 사람들을 관리하고 안내한다면 그들에게 선택권을 줄 방법을 찾아라. 가령 언제 어디서 먹고, 어떻게 협상전략을 발전시키는지 하는 것들 말이다. 다문화적 상황에서 자신의 통제력을 증대시킨다면 결국 여러분의 CQ-동기가 향상될 것이다.

8. 여행을 떠나라

짐작할 수 있듯이 다른 문화권에 대한 직접적인 경험들은 CQ-동기를 향상하는 데 매우 좋은 방법이다. 여행을 비롯한 타 문화에 대한 다양한 경험들은 앞으로 계속될 문화 간 상호 소통에서 친밀감과 편안함 그리고 확신을 만들어 줄 수 있다.[14] 또한 업무 경험, 자원봉사, 해외에서의 공부 혹은 이와 유사한 것들을 성공적으로 해낸 사람들로부터 경험담을 듣는 것 등 배우려는 자세 역시 자신을 위한 확신과 동기를 늘리는 데 도움이 된다.

문화 간 경험 그 자체가 문화지능을 높이는 데 바로 이바지하지는 못한다. 어떤 것을 많이 했다는 것이 많이 배웠다는 것을 의미하지는 않기 때문이다. 하지만 여행을 통한 많은 경험이 문화지능과 연결될 때 CQ-동기 향상에도 중요한 역할을 한다. 여러 장소에서 다양한 경험을 한 사람은 CQ-동기에 이바지하는 여행의 이점을 더 많이 경험한 것이다. 평생 한두 군데 장소에만 있던 사람과는 차이가 있다. 이것이 왜 여러 장소에서의 다양한 경험이 주변 사람들과 관계 맺고 업무를 하는 방법을 적용하고 조정하는 데 도움을 주는지를 설명해준다. 더 많은 경험을 가질수록 더 많은 자신감과 확신이 생긴다.

가령 여러분이 어떤 나라에 일 년 이상 거주한 경험이 많으면 많을수록 다문화적 경험과 문화지능 사이에 더 긍정적인 연결고리가 생긴다. 어린 시절의 경험은 문화지능 향상에 큰 역할을 하지 못한다.[15] 부모님과 함께 해외에 거주한 경험은 세계에 대해 배울 좋은 기회였겠지만 말이다. 하지만 청년기나 성인기에 접어들면 다양한 문화로의 여행, 일, 상호 소통에 대해 스스로 선택하게 되므로 문화지능 향상에 도움이 될 수 있다.[16] 물론 이러한 종류의 자신감은 국내에서라도 다문화 경험을 통해 만들 수 있다.

엄청난 비용을 지불할 필요 없이 방학이나 학기 중에도 상대적으로 저렴하고 유익한 장소가 많이 있다. 지역 여기저기를 두루 가 보고 거리를 걷고 지역 시장에서 쇼핑해 보면서 많은 문화를 경험해 보자. 자선단체 같은 곳에서 자원봉사도 해 보자. 스페인어 코스나 중국어 코스에도 참가해 볼 수 있다. 다른 문화의 사람들과 함께하는 과제에도 참여할 수 있다. 이런 모든 경험이 CQ-동기 향상에 이바지할 수 있다. 이를 통해 미래에 다가올 다문화적 상황에 더욱 효과적으로 대처할 수 있을 것이다.[17]

실제 상황으로 돌아와서

로버트의 딸 사라는 가족과 함께 친척을 방문하기 위해 자주 독일에 갔었다. 그 경험이 그녀에게 보다 많은 자신감을 가져다주었다. 부다페스트

현지 레스토랑을 타인의 도움 없이 가 볼 수 있겠다는 생각을 하게 만든 것도 이러한 경험이다. 그러나 친구들은 그와 같은 경험이 거의 없었다는 점을 이해해야 한다. 그리고 그들이 부다페스트에서 좀 더 수월하게 다문화적 경험을 하기 위해 타인의 도움이 필요하다는 점도 그렇다.

로버트는 성적 차이나 종교적 차이에 관해 자신의 내적 편견을 알아야 할 필요가 있다. 동료들과의 차이점을 문제로 받아들이는 대신에 자신과 회사를 위한 장점으로 고려하는 법을 배워야 한다. 만약 회사가 다문화적 시장으로 효과적인 확장을 원한다면 로버트가 인터뷰한 새나와 같은 여성의 조언이 필요하다. 로버트가 새나와 같은 동료를 두었다면 중동 고위 경영자와의 미팅을 더 잘 준비할 수 있을 것이다. 문화적으로 서로 다른 직장 동료들은 조직의 능력을 향상하게 한다. 이는 글로벌한 세계에서의 요구와 기회를 늘릴 수 있는 장점이 된다.

새나에 대해 생각해 보면 그녀의 CQ-동기가 인터뷰에 영향을 미칠 수 있다는 것을 예상해 볼 수 있다. 그녀는 최근 디트로이트에 있는 가족과 떨어져 남편과 함께 멀리 이사했다. 비록 인디애나폴리스가 단지 몇 시간 거리에 있긴 하지만 디트로이트와는 또 다른 문화적 차이가 존재한다. 그녀의 구직에 대한 필요성은 CQ-동기 향상을 위한 무엇보다 강력한 동인 (動因)이 될 수 있다.

로버트의 딸 사라는 친구들과는 다르게 다문화적 상황에 대해 상당히 높은 수준의 자신감을 가지고 있다. 그녀는 유럽에 대한 자신의 경험을 살려 친구들이 익숙하지 않은 것에 대한 두려움을 줄일 수 있도록 함으로써 CQ-동기 향상을 도울 수 있다. 또 친구들에게 부다페스트의 지역 문화를 만남으로써 얻게 되는 장점을 보여주면서 도울 수도 있다.

CQ-동기 향상시키기

동기를 유발하는 전략 대부분은 우리의 일상에서 실천해 볼 수 있는 것들이다. 한번 생각해 보자. 다문화적 상황에서 동기와 자신감을 향상할 수 있는 것으로 어떤 것들이 더 있을까?

CQ-동기를 향상하기 위해 가장 먼저 해 보고 싶은 두 가지를 아래 리스트에서 선택해 보자.

① 편견과 선입견을 인정하라. ② 흥미를 끄는 것부터 시작하라. ③ 두려움을 활용하라.	내적 동기
④ 머릿속에 성공을 그려 보라. ⑤ 스스로에게 보상해라. ⑥ 에너지를 충전시켜라.	외적 동기
⑦ 통제력을 향상시켜라. ⑧ 여행을 떠나라.	자기효능감

무엇을, 언제부터 시작해 볼까?

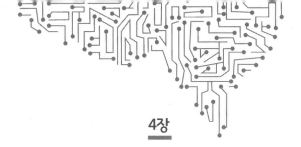

문화지능 지식
: CQ-지식

다문화적 상황에 직면했을 때 부딪히는 애매함을 다룰 수 있는 최고의 방법 중 하나는 문화적 차이들을 배우는 것이다. 문화적 이해가 상호 소통으로 자연스럽게 이어지는 것은 아니지만 종종 일어날 수 있는 혼란을 감소시킬 수 있다. **CQ-지식은 다음과 같이 묻는다**: 다문화적 상황에 보다 효과적으로 대처하기 위해 문화적으로 이해하고 있는가? CQ-지식의 증가는 많은 지역에서 당신의 효율성을 눈에 띄게 강화시킨다.

- **CQ-지식**: 사람들의 생각과 행동에 영향을 주는 문화의 역할에 대해 어느 정도까지 이해하고 있는가? 그리고 여러 문화 간에 어떤 점이 비슷하고 다른지에 대한 지식을 얼마나 많이 가지고 있는가?

- **핵심 질문**: 다문화 간 효과적인 업무를 위해서 어떠한 문화적 이해가 필요하다고 보는가?

문화지능 CQ가 필요한 실제 상황

새나는 미시간 주 디트로이트 근처에서 태어났다. 그녀의 부모님은 60년대 말 미시간 대학교에서 공부하기 위해 예멘에서 미국으로 건너왔다. 아버지는 좋은 직장을 얻어 미국에 정착하게 되었다. 상당수의 친척들도 미국으로 뒤따라왔다. 지난달 새나는 처음으로 예멘을 방문했다. 남편인 하니와 중동으로 뒤늦은 신혼여행을 가게 된 것이다. 요르단에 사는 남편 친척들과 예멘에 있는 그녀의 친척들을 방문했다. 그리고 며칠 뒤 두바이를 거쳐 다시 인디애나폴리스로 돌아왔다.

예멘과 요르단의 수도 사나와 암만의 거리를 걸었을 때, 새나는 마치 꿈을 꾸는 듯 비현실적인 느낌이 들었다. 인생에서 처음으로 그녀와 비슷하게 생긴 사람들에게 둘러싸이는 경험을 했다. 비로소 고향에 왔다는 느낌이 들었다. 그러나 또 한편 그곳에서 자신이 완전히 이방인처럼 느껴지기도 했다. 모두가 자신과 하니에 대한 선입견을 갖고 있는 것처럼 보였다. 예를 들어 자신들의 부유함, 종교적 신념, 미국의 외교정책 등의 관점에서 그랬다. 미국에서는 중동인이라는 고정관념이 늘 따라다녔는데, 이곳에서는 다시 미국인이라는 고정관념이 그들을 에워쌌다. 예멘에서의 마지막 날, 새나의 숙모들은 그녀를 앉혀놓고 가족들이 모두 살고 있는 미시간을 떠나 인디애나폴리스로 이사하는 문제에 대해 재고해 보라고 이야기했다. 한 숙모는 야단치듯 말했다. "어떻게 너와 하니는 가족을 떠나 멀리 이사를 할 수 있니? 그것은 옳지 않은 일이고 우리한테 창피함마저 주는구나. 너는 마치 신앙심 없는 사람처럼 행동하고 있어."라고 말이다.

신앙심 없는 사람이라고? 디트로이트에서 인디애나폴리스로 이사하는 것은 새나와 하니에게 매우 설레는 일이었다. 새로운 가정을 꾸릴 기회이기도 했다. 이사를 하는 이유는 하니가 2년간 큰 제약회사의 연구원 자리를 제안받았기 때문이다. 월급은 적지만 많은 이들이 원하는 자리였다. 새나 역시 생계에 보탬이 되도록 안정적인 직장을 찾기로 했다. 그녀는 항상 자신이 하고자 하는 일들을 잘해왔기 때문에 일자리를 찾는 것도 크게 걱정하지 않았다. 이사 오기 전에는 미시간에 있는 치과에서 아버지를 도와 일을 했었기 때문이다.

오늘 아침 새나는 텔레콤 회사의 행정비서 자리를 위해 인터뷰를 했다. 그녀에게는 첫 번째 인터뷰였다. 5분 일찍 도착했는데 로버트가 그녀를 사무실로 데리고 가기까지 30분이나 기다려야 했다. 그녀는 기다리는 동안 회사 직원들 모두가 캐주얼한 복장을 하고 있는 것을 보았다. 안내데스크 직원이 금요일은 회사에 캐주얼한 복장으로 출근하는 날이라고 말해주었다. 새나는 디트로이트에서보다 더 많은 사람이 자신이 쓰고 있는 히잡을 쳐다본다고 느꼈다.

로버트가 그녀에게 인사를 했을 때 캐주얼한 복장이 허락된 금요일인데도 그가 양복을 입고 있는 것이 의아했다. 어색하게 악수를 했고 처음 몇 분은 부다페스트에 있는 딸 이야기를 하면서 시간을 보냈다. 모든 아버지처럼 그 역시도 딸에 대해 자랑스러워했다.

그녀는 사무실 벽에 걸린 액자를 보았다. 문구는 '중요한 것은 종교가 아니라 관계이다'였다. 로버트는 이력서를 보면서 그녀가 2개의 언어를 구사할 수 있다는 것을 알았다. 로버트는 그녀가 미국에서 얼마 동안 살았으며 영어는 얼마나 잘하는지 궁금했다. 그녀는 평생을 미국에서 살았다고 대답했다.

인터뷰 끝에 새나는 물어보았다.

"남편이 당신을 만나고 싶어합니다. 그에게 당신의 전화번호를 주어도 되나요?"

로버트는 매우 당황하며 대답했다.

"인터뷰 과정을 좀 더 지켜봅시다. 당신이 두 번째 인터뷰를 하게 되면 그때 그 문제에 대해 이야기해 보지요."

로버트는 다음 인터뷰까지 15분이 남아 있었다. 회사 인수 문제로 방문하게 될 중동 회사 임원들과의 미팅에 관해 잠시 생각에 잠겼다. 지난주 친구 샤론과 커피를 마시며 들은 이야기가 생각났기 때문이다. 샤론이 말했다.

"조심해. 중동과의 비즈니스는 이곳과는 다른 규칙에 따라 이루어지니까."

그러면서 그녀는 싱가포르인 매니저 앨빈이 새로운 허브를 만드는 비즈니스를 위해 중동에 가서 겪은 일을 얘기해 주었다. 앨빈은 싱가포르에서 중동으로 갔다. 바로 출입국 관리사무소로 갔는데 그곳에서 비즈니스를 위해 필요한 허가들을 처리하기 위해서였다. 앨빈은 스마트하게 차려입고 이민국 직원을 만났다. 완벽하게 작성한 서류와 수수료를 이민국 직원에게 건넸다. 그 외의 다른 사례금은 물론 준비하지 않았다. 그런데 직원이 추가 서류작업을 필요로 한다는 말을 꺼내 이해가 되지 않았다. 이 일을 위해 모든 것들을 검토하고 철저한 준비를 했었기 때문이다.

앨빈은 두 번 더 출입국 관리사무소를 방문했다. 그러나 매번 같은 답변이 돌아오자 짜증이 났다. 그러나 앨빈은 직원의 간접적 암시에도 어떤 사례금도 추가로 주지 않았다. 직원은 집요했다. 앨빈이 그쪽 방식에 따르려

하지 않았으므로 이러한 결과를 감수해야만 했다.

로버트가 이 말을 들었을 때 "그건 부정부패야, 사례금이 아니라 뇌물이야."라고 대답했다. 샤론은 동의한다면서 다음과 같이 말했다.

"우리 모두 너와 같은 생각이야. 그리고 우리는 모두 입사할 때 어떤 뇌물도 주거나 받지 않겠다고 서약했어. 하지만 내 생각에 그들은 그들 세상에서의 비즈니스 방식이 따로 있는 것 같아. 그쪽 출입국 관리사무소 직원은 적은 월급으로도 계속 근무해. 왜냐하면 사례비를 조금씩 받을 것이라고 생각하기 때문이지. 로버트, 지금 추진하고 있는 중동 사람들과의 비즈니스에서도 그들만의 다른 방식이 있다는 걸 분명히 알아야 할 거야."

로버트는 이런저런 생각에 잠겼다. 그리고 다음 인터뷰를 해야 했다. 강한 남쪽 억양을 가진 큰 목소리의 여성이 들어왔다. 오, 이런! 로버트는 생각했다.

'도대체 인사과에서는 내게 보내기 전에 후보자들을 제대로 선발하고 있는 거야?'

문화정체성 이해에서 출발하는 CQ-지식

CQ-지식은 문화와 그것이 사람들의 행동에 미치는 영향에 대한 이해를 말한다. 이것은 타 문화 사람들과의 만남을 준비할 때 가장 자주 강조되는 부분이다. 특히 문화적 가치의 차이에 대한 서로 간의 이해도 중요하다. 이는 아무리 강조해도 지나치지 않다. 문화적 가치의 차이에 따라 행동하는 방식 역시 차이가 난다는 사실을 알고 있으면 보다 효과적으로 상호 간 소통과 업무를 진행할 수 있다.

새나와 로버트가 도움을 얻을 수 있도록 CQ-지식을 향상하는 방법은 수없이 많다. 우리는 예멘 여행, 숙모들과의 대화, 로버트와의 인터뷰 내용 등을 통해 새나의 문화 이해 수준을 엿볼 수 있었다. 또한 새나와의 인터뷰, 샤론과 나누었던 대화 등을 통해 로버트의 CQ-지식에 대해서도 짐작할 수 있었다. CQ-지식이 높을수록 로버트는 더 효과적으로 인터뷰를 이끌어 갈 수 있고, 새나 역시 더 성공적으로 인터뷰에서 자신을 드러낼 수 있었을 것이다.

다시 한번 CQ-지식은 묻는다: 당신은 비교문화적 관점에서 더욱 효과적으로 접근하는 데 필요한 문화에 대해 이해하고 있는가? 그렇다고 매번 만나는 특정 문화의 전부를 습득하라는 말은 아니다. 물론 로버트가 예멘에서 업무 경험을 했다면 예멘의 역사, 특성, 문화적 뉘앙스에 대한 이해를 바탕으로 더 현명하게 대처했을 것이다. 하지만 로버트는 45분간의 인터뷰 동안 예멘에 대한 전문가다운 모습을 보여 주지 못했다. CQ-지식에서 중요한 부분은 문화(또한 문화가 사람의 생각과 행동에 미치는 영향이나 문화 간의 차이 등)에 대한 풍부한 이해를 발전시키는 것이다.

높은 CQ-지식을 가지고 있다면 문화에 대해 보다 총체적이고 체계적으로 이해할 수 있다. 문화가 사람들이 생각하고 행동하는 데 어떻게 영향을 미치고 있는지를 말이다. 이것은 우선 자신의 문화정체성에 대한 이해에서부터 출발한다. 즉 당신의 행동에 영향을 미치고 있는 당신의 문화에 대한 이해이다. 높은 CQ-지식을 가지게 되면 문화 간의 유사점과 차이점에 대한 넓은 이해의 레퍼토리를 가질 수 있다. 새로운 문화를 계속 만나게 되면 당신이 가지고 있는 체계적이고 넓은 문화적 이해에 비추어 다른

문화를 보다 쉽게 이해할 수 있다.[1]

CQ-지식의 네 가지 영역

CQ-지식에 대해 더 깊이 이해하기 위해서는 보다 구체적인 네 개의 영역으로 나누어 살펴볼 필요가 있다. 비즈니스문화 시스템, 문화 간 가치의 차이, 사회 언어학적 차이, 리더십이다. 광범위한 연구를 통해 당신의 전반적인 문화 간 상호 이해와 통찰을 높이는 방법을 제시하였다.[2]

1. 비즈니스문화 시스템(경제적 · 법적 시스템)

문화마다 다르게 나타나고 있는 경제적, 법적, 교육적 측면의 차이를 얼마만큼 이해하고 있는가이다. 이는 비단 비즈니스맨들을 위한 것이 아니라 비즈니스와 관련해 문화마다 다르게 나타나고 있는 차이에 대한 일련의 모습들을 이해하기 위한 것이다. 이 영역에서의 문화지능이 높다는 것은 국가마다 차이가 나는 문화적 측면에 대한 이해가 깊다는 것을 의미한다. 반대로 낮다는 것은 나라와 나라 사이에 존재하는 상이한 경제적 · 법적 시스템에 대한 이해가 극히 제한되어 있다는 것이다.

2. 문화 간 가치 차이

문화마다 다르게 나타나고 있는 가치에 대한 차이, 사회적 에티켓과 규범, 종교적 관점의 차이 등에 대해 이해하고 있는 정도이다. 이 영역에서 높은 점수를 얻는다는 것은 서로 다른 가치 기준과 이것들이 일상에서 다르게 표현되고 있는 행동방식에 대한 이해가 높다는 것이다. 반면 낮은 점수는 여러 문화의 규범과 가치에 대한 낮은 지식을 의미한다.

3. 사회 언어학적 차이

다른 언어들에 대한 이해의 정도를 말하며 다양한 문화에서 언어적 · 비언어적 표현이 어떻게 다른지에 대한 지식을 포함한다. 높은 점수는 많은 나라의 언어적 · 비언어적 행동 규칙을 잘 아는 것을 의미하며 낮은 점수는 그렇지 않다는 의미이다.

4. 리더십

효과적인 경영관리가 어떻게 문화마다 다른지에 대한 이해 정도이다. 높은 점수는 사람들을 경영하고 관리하는 각 문화의 다양한 방식에 대해 많은 지식을 가졌다는 것을 의미한다. 낮은 점수는 경영관리가 문화마다 다르다는 것에 대해 협소한 지식만을 가졌다는 것을 의미한다.

위에서 네 가지 영역으로 나누어 살펴본 CQ-지식의 세부 내용은 이어서 제시될 구체적 전략들과 긴밀하게 연결되어 있다. 이어지는 각 전략의 사례들을 보면서 좀 더 상세히 논의해보자.

CQ-지식 높이기

 다음 내용은 CQ-지식을 향상하는 데 도움이 되는 전략 리스트이다. 이 전략들은 모두 다문화적 상황을 위해 과학적 기반에 근거한 연구에 의해 만들어졌다. 모든 전략을 지금 당장 한꺼번에 사용할 필요는 없다. CQ-지식을 향상시키기 위한 여러 가지 방법이 있으므로 가장 흥미를 끄는 것부터 시작해 보자.

① 문화 속으로 걸어 들어가라. ② 구글의 스마트한 사용자가 되라. ③ 글로벌 지식을 늘려라.	비즈니스문화 시스템
④ 영화를 보거나 소설을 읽어라. ⑤ 문화의 다양한 가치를 배워라. ⑥ 자신의 문화정체성을 탐구하라.	문화 간 가치 차이
⑦ 새로운 언어를 공부해 보라.	사회 언어학적 차이
⑧ 다양한 관점으로부터 배워라. ⑨ CQ 코치를 활용하라.	리더십

1. 문화 속으로 걸어 들어가라

 해당 문화 속으로 직접 들어가 보는 것보다 더 좋은 배움은 없을 것이다. 문화는 주변 곳곳에 스며들어 있으면서 우리에게 영향을 미친다. 하지만 의식적으로 들여다보지 않으면 그 사실을 간과하기 쉽다. 청소년 연구가인 테리 린하트(Terry Linhart)는 미국 고등학생 그룹과 함께 2주간 에콰도르에 갔다. 학생들이 어떻게 현지 문화와 상호 소통하는지를 관찰하기

KNOWLEDGE

위해서였다. 그에 의하면 미국 학생들이 에콰도르 사람들과 상호 소통하는 방식은 마치 박물관을 방문했을 때와 비슷했다고 한다. 그들은 실제로 누군가를 만나고 있는 것이 아니라 "살아 있는 인공물"을 바라보고 있는 것처럼 행동했다. 에콰도르 사람들을 배려하고 아이들에게 관심을 가지며 지역 비즈니스를 방문했지만, 그 문화를 이해하는 능력의 한계(스페인어를 포함하여)로 인해 새롭게 만나고 있는 지역에 대해 정확하게 인지할 수 없었다. 린하르트는 다음과 같이 말했다.

"학생들이 에콰도르 사람의 집을 방문했을 때 그들은 현지인들과 의미 있는 시간을 가져보기도 전에, 심지어 그들의 역사에 대한 기초적인 지식도 없으면서 에콰도르 사람들의 삶과 가치에 대해 성급한 평가를 내렸다."[3]

새로운 문화는 반드시 먼 곳에서 만날 수 있는 것이 아니라 당신이 사는 곳 가까이에서도 찾아볼 수 있다. 어느 곳에서든 그 문화 속으로 직접 들어가 가까이에서 배우는 것이 중요하다. 이를 위한 몇 가지 방법을 제시하면 다음과 같다.

① 사람들 관찰하기

공공장소에서 다른 문화적 배경의 사람들이 무엇을 하는지 한번 관찰해 보라. 자신의 문화와 비교해 유사점과 차이점을 찾아보자. 가족과 같이 가까운 사람을 만났을 때의 행동을 보자. 낯선 사람을 대하는 방법은 또 어떤가? 바디랭귀지를 비롯한 다양한 행동에서 무엇이 유사하고 다른지 유심히 관찰하자.

② 다른 문화의 축제나 행사에 참여해 보기

주변에 있는 다른 문화권 사람들의 커뮤니티를 찾아 그들의 문화적 행사에 한번 참여해 보자. 가능하다면 그 행사를 지켜만 보지 말고 직접 참여해 보는 것도 좋다. 옆 사람에게 그 행사가 왜 중요한지, 준비한 음식은 무엇인지, 의식 절차는 어떻게 되는지 등도 물어보자. 멕시코 인들의 신코 데 마요(Cinco de Mayo) 축제에 친구들과 함께 가 보는 건 어떨까? 아니면 나와 다른 종교의 축제나 행사에 참여해 볼 수도 있다. 다른 문화권에서 온 친구나 동료의 결혼식에 초대받았다면 꼭 참석해 보자. 결혼을 축하해 주기도 해야겠지만 그들의 문화적 행사에 대해 배울 수 있는 좋은 기회가 될 것이다. 다른 문화권의 장례식에도 기회가 있으면 참여해 보면 어떨까? 참석자에게 절차와 의미들을 물어보며 경험해 보는 것도 좋을 것이다.

③ 식료품점 방문하기

다른 문화권의 상점들이 어디에 있는지 찾아보고 직접 방문해 보자. 무엇이 진열되어 있는지 살펴보는 것도 좋다. 자신이 거주하고 있는 지역에서도 가능하고, 다른 나라를 방문했을 때도 가능하다. 판매되는 상품의 종류와 진열된 방식 등에서 흥미로운 점들을 발견할 수 있을 것이다. 아니면 틈새시장을 겨냥한 상점들도 가 볼 수 있다. 가령 고령자를 위한 가게나 야외활동 애호가 혹은 차를 즐기는 사람들을 위한 상점들 말이다.

④ 다른 문화의 음식 체험하기

음식은 특정한 문화 안으로 들어가 볼 수 있는 좋은 방법이다. 다른 문화권의 음식을 파는 레스토랑에 가 보자. 그리고 그 음식에 담긴 의미도 공부해 보자. 음식이 실제 그 문화권에서 먹는 방식 그대로인지 아니면 현지의 입맛에 맞추어 변형된 것인지도 알아보자. 중국음식 같은 경우는 서양인의 입에 맞도록 변형된 경우가 많다.

당신이 먹고 있는 음식의 현지 문화권 사람과 함께 식사해 보는 것도 좋다. 그리고 그 음식에 대해 어떤 견해를 가졌는지 들어 보자. 태국에서 온 친구가 오히려 팟타이의 역사에 대해 태국 문화를 공부하고 있는 당신보다 더 모를 수도 있다. 그러나 적어도 그 음식을 먹으며 성장했다면 그것과 관련된 여러 기억을 가지고 있을 것이고, 당신은 그 경험들을 들어 볼 수 있다.

⑤ 다른 문화의 예술 들여다보기

여행하는 곳의 미술관을 방문해 보거나 공공장소에 전시된 예술작품들을 주의 깊게 들여다보자. 어떤 종류의 그림이 레스토랑이나 상점에 걸려 있는가? 가정집이나 사무실에서는 무엇을 볼 수 있는가? 건축이나 도시의 구획 배치를 통해 그들 문화의 어떤 특징을 볼 수 있는가? 딱딱한 직선 모양의 테두리로 된 조형물이나 인테리어 디자인, 건축이 많이 보이는가, 아니면 부드럽고 매끄러운 선이 많이 보이는가?

호주 원주민의 예술품을 많이 전시하고 있는 멜버른의 미술관을 방문한 적이 있다. 호주 원주민에 대해 그동안 책이나 강의에서 들었던 내용과는 전혀 다른 시각들을 볼 수 있었다. 그림이나 조각 작품에 묘사된 것들을 통해 글이나 언어만으로는 이해하기 힘든 문화의 규범도 읽어낼 수 있었다. 물론 한 예술가의 시선과 묘사가 그 문화 전체를 대변할 수는 없다. 그러나 예술을 통해 문화에 대한 다차원적 관점을 배울 수 있을 것이다.

당신이 어디에 있든 한 문화에 대해 배우는 방법은 무수히 많다. 거리를 거닐어 보고, 지역 이벤트에 참여해 보고, 택시기사와 이야기를 나누어 보라. 나는 어디에 가든 택시기사와 이야기 나누는 것을 좋아한다. 그들은 온종일 다양한 사람들과 만나고 대화를 나눈다. 그리고 거의 모든 것들에 대한 자신만의 견해를 갖고 있다. 아니면 나이 드신 분들과 이야기를 나누어 보는 것도 좋다. 특정한 장소가 그들이 인생을 지나오는 동안 어떻게 변화했는지 한번 질문해 보라.

당신이 여행하고 있는 곳에서 인위적으로 가공된 문화 이상의 다른 어떤 것을 찾아보자. 살아있는 진짜 장소를 찾아보라는 말이다. 예를 들어 방콕 시내에서 카메라를 든 수많은 관광객으로 붐비는 스타벅스나 KFC 옆에 있는 왕궁(Grand Palace)에 갈 수 있다. 그러나 시내버스에 올라타 관광객들이 가지 않는 장소에 가 볼 수도 있다. 살아 있는 경험들은 거기서 이루어진다. 그것을 찾아야 한다. 무엇 무엇은 왔으니 꼭 보아야 한다는 강박관념으로부터 자신을 자유롭게 해 보자. 대신 살아 있는 진짜의 삶을 경험해 보는 게 어떨까? CQ-지식을 늘릴 수 있는 즐거운 방법이 될 것이다.

2. 구글의 스마트한 사용자가 되라

어떤 새로운 정보에 관해 -영화 상영시간이라든가 일기예보 등- 알아볼 때 첫 번째로 생각할 수 있는 손쉬운 방법은 바로 구글 같은 인터넷을 통한 정보검색이다. 정보검색 엔진과 인터넷은 우리에게 상상할 수 없을 정도로 많은 지식과 정보를 제공한다. 바로 이곳이 CQ-지식을 늘릴 수 있는 막강한 자원의 보고다. 하지만 어떻게 우리는 이 무수한 정보 가운데 정말 도움이 되는 자료들을 찾아낼 수 있을까? 가령 중국에서 일어나고 있는 것들에 대한 블로그를 누군가 만들어 제공해 주고 있다면 그것이 정확한 내용인지 어떻게 알 수 있을까?

정보수집 전문가 에드나 리드(Edna Reid)는 CQ-지식 향상을 위한 정보를 어떻게 찾을 수 있는가에 대해 컨설팅하고 있다. 구글의 힘을 어떻게 최대화시킬 수 있는지에 대한 것이다. 당신이 카타르에 간다고 가정해 보자. 이 나라에 대한 위키피디아나 여행 사이트가 제공하는 정보 이상의 것들을 어떻게 찾을 수 있겠는가? 여기 당신의 검색 방법을 향상할 수 있는 몇 가지 방법이 있다.

- 카타르와 관련된 특별한 사이트들을 찾기 위해 도메인 확장 명에 e.g., .org, .edu, .gov 등을 사용해 보자. 여기 예시들이 있다.

  ⇨ 카타르 정부 사이트들을 찾기 위해 'Qatar site.gov'를 입력해 보자.
  ⇨ 카타르에 대한 정보가 있는 교육기관 사이트(universities 등)들을 찾기 위해 'Qatar site.edu'를 입력해 보자.
  ⇨ 카타르 관련 사이트를 찾기 위해 'Qatar site.qa'를 입력해 보자.

- 입력한 단어들이 결합된 형태만을 검색하고 싶다면 앞뒤로 큰따옴표를 넣어라. 가령 "Qatar Commerce"라고 검색 창에 입력하면 두 단어 모두 연관된 정보만을 찾아줄 것이다.

- 구글의 '고급 검색'도 활용하자. 원하는 것과 원하지 않는 것을 세부적으로 명시해 검색하는 방법으로 구글 홈페이지 오른쪽에 있다. 고급 검색을 사용하는 방법에 대한 몇 가지 예가 다음과 같다.

⇨ 검색 결과 중에서 PDF 파일만을 원한다면 파일 형식을 클릭해 PDF 파일만 설정하면 된다.

⇨ 특정 사이트만 검색할 수 있는데, 예를 들어 IBM 웹사이트 안에서 카타르에 대한 기록만 검색할 수가 있다.

⇨ 특정 기간 내의 결과물만 검색할 수가 있다. 가장 최신이라든가 특정 기간의 결과물로 제한할 수 있다.

• 검색 주제를 학문 분야나 연구물에 한정하고 싶다면 구글 스칼라(scholar.google.com)를 활용하자. 출판물이 다른 사람들에 의해 인용된 횟수까지도 표기되어 있어 활용하기에 매우 유용하다.[4]

클릭 몇 번만 더 하면 좀 더 신뢰할 수 있는 정보를 인터넷에서 얻을 수 있다. 특정 국가나 문화에 대한 정보를 원할 때 검색을 좀 더 좁고 정확하게 하여 도움을 받자.

3. 글로벌 지식을 늘려라

글로벌 지식은 CQ-지식 향상을 위해 매우 중요한 부분이다. 글로벌한 관점이나 시각이 없다면 다른 문화들을 깊이 있게 이해하기가 매우 어렵다. 싱가포르는 중국에 속한 지역이 아니고 또 낙후된 국가가 아니라는 것은 싱가포르 사람이나 그 지역에 거주했던 사람을 만날 때 알고 있어야 하는 상식이다. 아프리카 국가들에 대해 이야기할 때 가령 나이지리아, 수단, 모로코가 각각 독립된 고유문화를 지닌 나라들이 아니라 모두 비슷한 지역의 유사한 문화일 것이라는 제멋대로의 생각과 실수들은 여전히 놀라울 만큼 많이 벌어지고 있다.

우리는 세계의 역사를 비롯해 현재 지구촌에서 벌어지고 있는 일련의 사건들을 이해하려는 통시적 · 공시적 시야를 가지고 있어야 한다. 한 예로 자신이 일본과 중국 사이에 벌어진 기본적 역사를 알고 있다면 그곳에서 온 동료들 간의 관계를 조금 다르게 이해하는 데 도움이 된다. 과거 일본은 중국을 정치적 · 군사적으로 지배해 광대한 자원을 확보하려고 시도했다. 일본과 중국 동료들이 평소에 서로의 관계에서 그 사실들을 의식하고 있는 것 같지는 않다. 그러나 그들이 성장할 당시 역사 시간을 통해서 어떤 일이 과거 두 나라 사이에 일어났는지를 배우며 내면화해 온 것은 사실이다. 여러분이 월드컵이 벌어지거나 국가의 큰 선거가 치러지고 있는 곳을 여행한다면 현지인을 만날 때 그것에 대해 관심을 가지고 간단하게라도 이야기를 나누는 것이 좋다. 그렇지 않으면 자민족 중심주의에서 나온 무시로 비칠 수도 있다. 물론 민족중심주의적 성향 때문이 아니라 스포츠나 정치에 원래 관심이 없어서 그렇다고 생각할 수도 있다. 하지만 이것은 그런 문제가 아니다. 문화적으로 중요한 사건이나 이벤트를 언급하는 것은 방문 지역에 대한 이해와 관심의 문제이다.

글로벌 지식을 늘리기 위해서는 의도적인 노력이 필요하다. 대부분의 뉴스는 단지 그 지역의 사건들 위주로 다루고 있기 때문이다. 세계에서 벌어지고 있는 일들에 대한 언급은 적다. 인터넷을 활용해 지구촌 곳곳의 이슈들을 꾸준히 살펴본다면 글로벌 지식 향상에 도움이 된다. 미국인들은 글로벌 지식에 대한 수준이 최악으로 악명이 높다. 이러한 오명은 많은 미국인이 그들 밖의 세계에 대해 아는 것이 거의 없기 때문이다. 여기 글로벌 지식을 향상시키는 몇 가지 방법이 있다.

4장 문화지능 지식

① 세계적인 이슈들을 비중 있게 다루고 있는 곳 중 하나인 BBC 뉴스 사이트를 방문해 보자. 'In Picture' 링크는 세계에서 벌어지고 있는 일들을 신속하게 살펴보기 좋다.

② 월드프레스(www.worldpress.org)나 「이코노미스트」(The Economist)를 읽어보는 것도 좋다.

③ 올해 세계 최고 인기 단어를 제공해 주는 글로벌랭귀지모니터(www.languagemonitor.com)를 방문해보자.

④ 공영방송도 청취해 보자.

⑤ 세계에서 온 다양한 사람들과 함께할 자리가 있다면 그들에게 질문해 보자. 대부분 자신의 문화나 출신 지역의 새로운 소식들을 나누며 이야기하는 것을 좋아한다.

오늘날과 같이 통신이 발달한 시대에 세계와 연결된 정보망을 활용할 수 없다는 것은 변명에 지나지 않는다. 세계의 모든 뉴스를 꿰고 있을 필요는 없지만 적어도 하루에 2~3분 정도 세계에서 벌어지고 있는 사건 사고들을 훑어본다면 CQ-지식 증가에 매우 도움이 될 것이다.[5]

4. 영화를 보거나 소설을 읽어라

문학이나 영화 등은 타인의 눈을 통해 세계를 바라볼 수 있는 교감의 매체이다. 우리는 가상의 이야기를 통해 다른 문화에 대해 이해할 수 있다. 또한 영화나 소설 속에 등장하는 인물의 성격이나 주제의 다이내믹함 등을 통해서도 타 문화에 대한 독특한 통찰을 얻을 수 있다.

영화나 소설 속에는 배경이 되는 지역의 문화적 역동성으로 가득하다.

벌어지고 있는 사건에 문화가 어떻게 관여하고 있는지를 주의 깊게 살펴보자. 특히 그 문화 안에서만 일어날 수 있는 독특한 스토리를 찾아보는 것도 좋다. 동료, 친구, 가족들 간의 관계는 물론 이들과 관련된 이야기가 문화적 차이로 인해 어떻게 자신의 문화와는 다르게 전개되는지 유심히 살펴보자. 갈등이 해결되는 방식이 우리의 문화와는 어떻게 다른가? 물론 그 이야기는 허구에 지나지 않으며 실제 현실에서는 그와는 다른 사람들이 존재하지만 말이다.

이야기에는 비즈니스 가이드 책이나 전문서적에는 없는 문화에 대한 다이내믹한 내용이 들어 있다. 따라서 타 문화에 대해 간접적으로 경험해 볼 수 있는 매우 훌륭한 가이드다. 이야기란 타 문화의 삶이 담겨 있는 그들 고유의 문화적 산물이다. 하나의 이야기를 따라가 보면서 실제 현실에서 그 등장인물을 만난다면 어떠할지 상상해 보자. 그리고 그와 어떻게 성숙한 만남을 가져야 할지 잠시 고민도 해 보자. 주인공이 당신의 보스나 동료라면 어떨까? 어떤 캐릭터에 가장 끌리는가? 누가 나의 신경을 가장 건드리고 있는가? 이와 같은 반응을 문화적 차이로 어떻게 설명해 볼 수 있겠는가?

직접적인 경험과는 다르게 책이나 영화를 통해서는 관찰자로서 실제적인 공격적 행위나 갈등을 우려하지 않아도 된다. 따라서 이야기 안에서 벌어지고 있는 사건들에 문화가 미치는 영향을 간접적으로 배울 수 있는 좋은 방법이다.

「내셔널 지오그래픽」의 기고가 다이산 맥레인(Daisann McLane)은 여행을 가면 새로운 눈으로 그 지역을 보기 위해 그곳에 있는 극장에 가 보라고 제안하며 다음과 같이 말했다.

"가장 흥미로웠던 경험 중의 하나는 영화를 보러 간 것이었다. 한번은 크로아티아로 여행을 갔을 때 젊은이들을 위한 클럽에 가 보았다. 스파이크 리(Spike Lee) 감독의 「똑바로 살아라」(Do the right thing)가 상영되었다. 미국인은 나 혼자뿐이었는데 결코 잊을 수 없는 경험이었다."[6] 만약 당신이 뭄바이에 방문했을 때 발리우드 장편 서사 영화를 본다면 인도 문화에 대해 전혀 다른 경험을 할 수 있다. 영화 자체와 극장에서의 경험 두 가지 모두에서 말이다. 극장에 가 보라. 좋은 스토리를 읽어라. 그렇게 CQ-지식을 계속해서 증가시켜 나갈 수 있다.

5. 문화의 다양한 가치를 배워라

CQ-지식을 늘리는 중요한 전략 중의 하나는 문화마다 다르게 나타나는 가치 지향에 대해 이해하는 것이다. 문화적 가치란 사회 안에서 무엇이 바람직하고, 옳고, 공평하며 타당한지에 대해 공유하고 있는 가치를 말한다. 연구자들은 그동안 나라마다 차이가 나는 이 가치들을 범주화하는 다양한 방법들을 발전시켜왔다. 그러나 이 범주화를 가지고 한 문화에 대한 경솔한 고정관념을 가져서는 안 된다. 그 문화를 구성하는 개인이나 하위문화가 그 규범을 따르지 않는 예외가 존재하기 때문이다. 하지만 이 가치들은 문화 간 관계와 상황을 이해하는 데 도움을 주는 출발점 역할을 한다. 어느 문화의 사람이 어떤 상황에 접근하는 방식은 이럴 가능성이 크다는 식의 추측을 해 볼 수 있다.

사회마다 다르게 공유되고 있는 가치들은 문화적 차이의 중요한 내용으로서 대부분의 사람들에게 무의식적으로 영향을 미치고 있다. 문화적 가치들은 의식하든 안 하든 개인과 조직, 그리고 사회의 생각과 행동을 형성하는 데 강력한 역할을 한다. 여기서 개인이나 문화마다 다르게 나타나고 있는 문화적 가치에 대한 지향은 어떤 것이 더 낫고 어떤 것이 나쁘다는 의미가 결코 아니다. 중요한 것은 그것들이 우리가 살아가고 일하는 데 무의식적인 영향을 미친다는 점이다.

이 문화적 가치들에 대해서는 다른 책에서 보다 광범위하게 다루었다.[7] 여기서는 간략하게 중요한 내용만을 언급하고자 한다.

① 개인주의와 집합주의

개인의 정체성이 개인과 집단 중 어느 쪽으로 너 강하게 귀속되어 규정되는지 정도를 말한다.

미국이나 호주 같은 높은 개인주의 문화에서는 개인의 권리와 책임이 강조된다. 중국이나 요르단 같은 집합주의 문화에서는 집단의 권리와 필요가 우선시 된다.

개인주의	집합주의
미국, 호주	중국, 요르단
개인의 목적과 권리가 사람들 간의 관계보다 더 중요하다.	사람들 간의 관계와 집단의 이익이 개인의 목적보다 더 중요하다.

② 권력거리

지위와 그에 따른 힘이 기대되고 수용되는 정도를 뜻한다.

이스라엘이나 캐나다 같은 낮은 권력거리 문화에서는 공식적 타이틀이나 역할의 중요성이 약하고 수평적 조직 구도를 선호한다. 인도나 브라질 같은 높은 권력거리 문화에서는 타이틀이 중요하고 관계나 행동에서도

상하 관계의 영향을 많이 받는다.

낮은 권력거리	높은 권력거리
캐나다, 이스라엘	브라질, 인도
지위의 차이가 그리 중요하지 않으며 의사결정권은 수평적으로 모두에게 주어질 수 있다.	지위의 차이가 사회적 관계에서 중요하며 권력자가 의사결정을 주도한다.

③ 불확실성 회피

계획과 가이드라인을 통해 위험을 줄이거나 회피하려는 정도를 의미한다. 홍콩이나 영국 같은 낮은 불확실성 회피 문화는 애매함이나 위험에 대해서도 높은 인내와 안정감을 가지고 있다. 러시아나 일본 같은 높은 불확실성 회피 문화는 불확실함과 위험을 피하는 방법을 찾는다.

낮은 불확실성 회피	높은 불확실성 회피
홍콩, 영국	일본, 러시아
유연함과 적응성에 초점을 두며 체계 없는 예측 불가능한 상황을 인내한다.	계획과 확실성에 초점을 두며 체계 없는 예측 불가능한 상황을 불편해한다.

④ 협력적 성향과 경쟁적 성향

경쟁적 성취 구도를 따르는 문화와 협력적 관계 중시의 문화 차이 정도를 말한다. 칠레나 네덜란드 같은 협력적 성향의 문화는 상황의 접근에서 보다 협력적이고 보살핌을 강조한다. 헝가리나 일본과 같은 경쟁적 성향의 문화는 삶에 대해 보다 공격적이고 적극적인 태도로 접근한다.

협력적 성향	경쟁적 성향
칠레, 네덜란드	헝가리, 일본
협력과 보살핌의 행위를 강조하며 관계와 가족에 높은 가치를 부여한다.	적극적인 행동과 경쟁을 강조하며 일이나 업무의 완성과 같은 성취에 높은 가치를 부여한다.

※ 이 가치는 때때로 여성성과 남성성으로도 언급된다. 하지만 여기서는 사회적으로 구조화된 성별에 대한 고정관념을 영구화시키는 것보다 이 방식의 이름으로 구별 짓고자 한다. 경쟁적 성향의 높고 낮음에 대한 생각은 이름과는 별개로 중요한 구분이다.

⑤ 시간 지향성

성공과 같은 결과를 기다리는 마음과 인내의 정도를 의미한다. 미국이나 호주 같은 단기지향적 문화는 즉각적인 결과물을 강조한다. 한국이나 브라질 같은 장기지향적 문화는 장기적 혁신과 성공에 더 관심을 가진다.

단기지향 문화	장기지향 문화
미국, 호주	한국, 브라질
미래를 예측불가하게 보고 장기적 이익보다는 즉각적인 결과물을 가치 있게 본다.	장기적 계획을 가치 있게 보고 장기적 이익을 위해 단기적 희생을 기꺼이 감수하려 한다.

⑥ 고맥락과 저맥락

의사소통이 직접적인가 아니면 맥락에 대한 암시적 이해를 강조하는가에 대한 정도를 뜻한다. 이스라엘과 캐나다와 같은 저맥락 문화는 의사소통에서 분명하고 명쾌하게 자신의 생각을 전달하는 것을 선호한다. 사우디아라비아와 멕시코와 같은 고맥락 문화는 개인이 직감적으로 어떻게

행동해야 하는지 안다고 생각한다. 그래서 분명하고 명쾌한 의사소통의
필요성을 중시하지 않는다.

저맥락 문화	고맥락 문화
캐나다, 이스라엘	멕시코, 사우디아라비아
분명하고 명쾌한 단어를 강조하며 직접적인 의사소통에 가치를 둔다.	조화로운 관계와 암시적 이해를 강조하며 간접적인 의사소통에 가치를 둔다.

⑦ 행동 지향과 존재 지향

성과 위주의 행동 지향적인가 아닌가에 대한 정도를 의미한다. 미국과
호주 같은 행동 지향적 문화는 극도로 업무 집중적이고 성과 중심적이다.
스웨덴과 브라질 같은 존재 지향적 문화는 인간관계와 사회적 네트워크
그리고 지금의 삶을 업무나 성과보다 더 우선시한다.

행동 지향적 문화	존재 지향적 문화
미국, 호주	스웨덴, 브라질
업무의 완성이 사회적 책무보다 우선시 되며 이 둘 사이에 분명한 선이 있다.	사회적 책무와 업무의 완성이 둘 다 똑같이 중요하며 둘 사이에 분명한 경계가 없다.

위에서 살펴본 문화적 가치의 차원들은 종종 특정 국가의 문화를 설명
하는 데 사용된다(예를 들어 미국은 개인주의적 문화이고 예멘은 집합주의적 문화).
하지만 이 가치들은 하위문화에도 적용될 수 있다. 예를 들어, 어느 비즈
니스 팀은 팀에 근거한 리더십(낮은 권력거리)을 사용하는 데 반해, 다른 팀

은 강력한 하향전달식 구조(높은 권력거리)를 사용할 수 있다. 마찬가지로 다양한 세대 간에서도 그렇다. 한 방향의 일방적인 구조이거나 아니면 쌍방향적인 구조일 수 있다.

로버트는 예멘 문화에 대한 모든 것을 배울 수는 없다. 설사 그가 그랬더라도 새나에게는 크게 상관없는 것이 그녀 역시 거기서 살아보지 않았기 때문이다. 하지만 아랍계 미국인에게 나타나는 선호 가치를 전반적으로 이해하고 있다면 인터뷰를 할 때보다 세련되고 적절한 질문들을 던지고 새나의 답변 역시 더 잘 이해했을 것이다. 새나 또한 인디애나폴리스의 하위문화, 텔레콤 회사의 기업 문화, 로버트의 문화적 배경을 이해하기 위해 문화적 가치를 활용했다면 적어도 로버트를 이해하는 데 도움이 되는 출발점 역할을 했을 것이다.

국가마다 다른 문화적 가치를 가지고 있다는 사실을 설명해 놓은 자료들이 많다. 특정 국가가 어느 위치쯤에 놓여 있는가에 대한 제시 또한 유용하다.[8] 그러나 국가의 문화 전체가 이것 아니면 저것이라는 식의 구별로 이해될 수는 없다. 그래서 이 가치들을 적용할 때에는 매우 신중해야 한다. 그럼에도 문화적 가치의 여러 차원에 대한 이해는 문화적 차이를 배우는 데 좋은 방법이다. 다만 이것을 특정 문화나 개인에게 지나치게 확대해 적용하지는 말아야 한다. 이 문화적 가치를 활용하는 가장 좋은 방법은 바로 자신에게 적용해보는 것이다. 문화지능센터 사이트(www.CulturalQ.com)를 방문하면 이와 관련해 더 많은 것들을 배울 수 있다.

6. 자신의 문화정체성을 탐구하라

누구도 문화의 객관적 관찰자로만 남을 수는 없다. 우리는 모두가 문화

　　　　　　　　　　　　　　　　　　4장 문화지능 지식

의 생산자이기도 하다. 각자가 속해 있는 문화의 발전과 변화에 일정한 역할을 하고 있다. 그러므로 CQ-지식을 늘리는 중요한 전략 가운데 하나는 바로 자신의 문화정체성을 이해하는 것이다. 이 작업은 의외로 가장 어려운 것 중 하나이다. 누구나 자신의 문화 속에 무의식적으로 깊이 빠져 있기 때문에 스스로의 문화정체성을 제대로 바라보고 이해한다는 것은 쉽지 않다. 우리는 자신만의 내적 규칙과 암묵적 가정들을 세워두고서 거기에 따라 살아가고 세계를 이해한다.

한 국가 안의 문화는 우리가 세계를 바라보는 방식에 가장 큰 영향을 주고 있다. 하지만 다른 여러 가지 문화들 역시 우리의 생각과 행동에 영향을 미치고 있다. 당신에게 가장 강력하게 영향을 미치고 있는 문화와 정체성에는 어떤 것이 있을까?

- 나는 어느 국가에 속해 있고, 또 어느 인종에 속해 있나?
- 대학, 전공, 직업, 종교, 성별, 세대, 신체적 장애 등 여러 종류의 하위문화가 있다. 나를 형성하고 있는 하위문화에는 어떤 것이 있을까?
- 지금 나에게 중요한 하위문화의 소속감이나 정체성에는 어떤 것이 있을까?

자신에게 많은 영향을 미치고 있는 문화적 정체성을 찾아낸 후 다음과 같은 질문들을 던져 보자.

- 자신의 문화에서 성공이란 무엇이며, 실패란 어떠한 상태를 의미하는가? 또한 열등하다는 것은 도대체 무엇을 의미하는가?

- 어떤 직업이 가장 많은 연봉을 받는가? 지금 사회에서 가장 선호하는 직업은 무엇인가?
- 가정의 역할은 무엇인가?
- 중요한 결정은 어떻게 이루어지는가?
- 누가 가장 강한 힘을 가지고 있는가?
- 노인 세대와 젊은 세대 중 누가 더 존중받고 있다고 생각하는가?
- 당신의 국가에서는 앞서 다루었던 문화적 가치의 차원 중 어디에 우선순위가 주어지는가? 다른 문화가 우리 사회에 영향을 미친 것에는 어떤 것이 있을까?

당신의 문화가 지닌 역사, 규범, 규칙 등에 대해 공부해 보자. 스스로의 문화와 정체성 문제를 이해하지 않고서 다른 문화와 그들의 정체성에 대해 이해하기란 쉽지 않다. 이러한 이해가 타인의 문화적 배경과 유·무형의 유산을 존중할 수 있는 바탕이 된다. 또한 다른 사람들이 가치를 두고 있는 그들만의 문화와 정체성을 추적할 수 있게 한다.

자민족중심주의야말로 CQ-지식 앞에 놓여 있는 가장 큰 장애물이다. 나의 문화만이 삶에서 가장 올바르고 유일한 길인가? 역으로 내 문화의 모든 것을 비난하고 공격하는 것 역시 옳은가? 필자는 한때 덫에 빠진 적이 있다. '백인 남성으로 기독교인이고 학식 있는 미국인들'에 대해 혐오감을 가졌던 것이다. 모든 하위문화에는 당혹스러운 면이 있고 반대로 좋은 면도 있기 마련이다. 그런데 다른 문화를 처음으로 접하게 되면 새로운 시각으로 자신의 문화를 돌아보게 되는데 그때 부정적인 면들이 부각되어 보이는 경우가 있다. 물론 이러한 경험은 자신의 문화를 이해하는 데 궁극적으로는 도움이 된다. 그러나 유의해야 할 부분은 좋거나 나쁘다는 식의 극단적인 시각보다는 보다 깊이 이해하고 성찰해 보는 것이다.

새나의 중동 여행은 예멘과 요르단 문화를 통해 그녀 자신의 문화적 정체성을 성찰해 보는 기회가 될 수도 있었다. 로버트 역시 유색인이자 소수자인 자신의 문화적 배경을 통해 새나의 행동과 질문 뒤에 감추어진 의미를 이해할 수 있는 통찰을 얻을 수도 있었을 것이다.

문화적 배경은 자신이 누구인지 말해줄 수 있는 중요한 부분이다. 하지만 같은 문화 안에서도 다른 사람들과 구별되는 자신만의 독특한 정체성 역시 있다는 것을 알아야 한다. 닮은 점도 있지만 다른 점도 있다. 그것이 무엇인지 찾아보자. 문화적 가치의 차원에서 자신의 성향을 파악해 보자. 또한 다른 문화권에서 드러나는 문화적 가치의 차원을 참고하여 자신과 얼마나 다른지 한번 비교해 보자. 아주 중요한 통찰을 얻을 수 있을 것이다. 우리가 겪고 있는 갈등과 긴장의 정도를 보여 주기 때문이다.

문화인류학자 에드워드 홀은 다음과 같이 말했다.

"문화는 그것이 보여 주는 것보다 훨씬 많은 것들을 감추고 있다. 그리고 이상하게도 그것은 스스로를 매우 효과적으로 숨기고 있다. 그래서 진실로 중요한 작업은 다른 문화들을 이해하는 것보다 자신의 문화를 이해하는 것이다."[9]

시간을 가지고 자신의 문화정체성을 탐험해 보는 것은 CQ-지식을 향상하는 데 매우 유용하다.

7. 새로운 언어를 공부해 보라

언어(languages)는 말(words) 그 이상의 의미를 지닌다. 다른 언어를 표현할 수 있다는 것은 CQ-지식과 분명한 연관을 지닌다. 어떤 사람들은 '언어는 곧 문화'라고 말한다. 이 둘은 견고하게 이어져 있어 서로 떼려야 뗄 수 없는 관계이다. 언어는 나를 다른 사람과 이어주는 가교 역할을 하며 내가 놓칠 수 있는 부분들을 보완해 준다. 역으로도 마찬가지다. 외국어를 가르치는 선생님들은 학생들에게 관련 문화를 함께 가르친다. 둘은 뗄 수 없는 관계이기 때문이다. 환경적 요소와 사회적 규범이 함께 작용하여 언어를 형성하고 발전시킨다. 형성된 언어는 다시 문화를 만든다. 에스키모 언어에는 왜 그토록 많은 눈(snow) 이름들이 있고, 노르웨이 언어에는 왜 그토록 많은 물고기 이름들이 있는가에 대한 이유이나. '危機(Wei-Ji)'는 중국어로 위기(crisis)인데, 'Wei(危)'는 위험을, 'ji(機)'는 기회를 뜻한다. 이는 고난을 새로운 기회로 도약하기 위한 하나의 발판으로 여기는 중국문화의 특성을 잘 말해준다. 언어는 앞이 보이지 않는 사람들을 문화의 창문 앞으로 끌어당겨 더 잘 들여다볼 수 있도록 도와준다.[10] 새로운 언어를 효과적으로 배우기 위해서는 문화마다 차이가 나는 비언어적 의사 표현도 함께 익혀야 한다. 제스처나 표정 같은 침묵의 언어(silent language) 역시 CQ-지식을 향상하기 위해 중요한 부분이다.

다른 언어를 쓰는 누군가를 만났을 때 그 사람과 같은 언어를 구사하는 것보다 좋은 것은 없을 것이다. 상대에 대한 존중은 물론 그들이 세상을 바라보는 방식에 대한 이해를 위해서 말이다. 그러나 우리는 모든 언어를 배울 수는 없다. 다만 CQ-지식의 향상을 위해 새로운 언어를 조금씩이라도 배워 나간다면 많은 도움을 받을 수 있다. 이에 대해서는 6장에서 구체적으로 다루고 있다. 다른 언어에 대한 기본적인 단어와 문장을 구사하는 것만으로도 타 문화권에서 성공적으로 소통하는 데 유리하다.

8. 다양한 관점으로부터 배워라

성인이 되면 대다수 사람들은 자신이 지닌 관점과 견해를 지지하고 계속 강화하려는 경향을 보인다. 그러나 CQ-지식을 늘리는 방법의 하나는 다양한 관점을 의도적으로 찾아내는 데 있다. 다른 사람과의 공통점을 찾아내어 서로의 차이를 최소화시키는 것이 목적이 아니다. 오히려 그 차이점 자체를 보고 배우는 것이다.

다른 문화의 사람들, 심지어 신념과 규범적 차이로 인해 당신과 갈등을 겪고 있는 문화권 사람들을 의도적으로 찾아보는 것이 가장 도움이 된다. 그들의 모임이나 행사에 참여해 보는 것도 좋다. 가령 종교 행사, 레이브 클럽(rave club), 정치적 모임 같은 곳을 방문해 그들의 신념이나 행동 뒤에 있는 것들이 무엇인지를 이해해 보자. 성급한 가정과 판단은 잠시 유보해 두자. 당신과 세상을 다르게 보고 있는 사람과 커피 한잔하는 여유도 좋다. 당신의 방식 안으로 그들이 들어오도록 설득하지 마라. 서로의 차이를 그대로 인정하고 배워 보자. 그들에 대해 가지고 있는 편견을 갖게 한 미디어 뉴스의 출처를 알아보자. 그리고 그것이 자신에게 어떻게 영향을 미쳤는지를 보자. 필자는 반대되는 정치적 견해를 가진 사람과 대화할 때 가끔 혈압이 오를 때가 있다. 그러나 여기서 말하는 도전은 내 것이 아닌 다른 사람의 관점과 견해로부터 기꺼이 배울 수 있는 능력이다.

자신의 신념과 소신을 버릴 필요는 없다. 다만 자신에게 불편할 수도 있는 환경에 의도적으로 들어가 볼 수도 있지 않겠는가. 다른 문화적 배경을 가진 사람들과 독서 모임을 만들어 보자. 다양한 문화적 관점들이 어떻게 한 권의 책을 매개로 드러나는지 관찰할 수 있다. 직장이나 학교에서 팀 프로젝트를 할 경우 문화적 배경이 다른 사람들과 한 팀을 이루어 보는 것도 좋다. 같은 문화적 배경이라도 진보와 보수, 혹은 무신론과 유신론처럼 견해 차이가 다른 사람과도 대화하며 서로 배워갈 수 있다.

다양한 관점으로부터 배울 수 있는 또 하나의 방법은 당신이 항상 보는 것과는 다른 관점의 신문과 간행물을 보는 것이다. 같은 사건이라도 문화 차이나 국가 간 이데올로기의 차이로 뉴스 내용이 다르게 보도될 수 있다. 「알자지라」(Al Jazeera), 「뉴스아시아」(New Asis), 「BBC」에서 같은 사건의 기사를 읽어 보자. 모두 관점이 같은가? 여행을 가게 되면 그 지역의 지방 신문을 찾아 읽어 보는 것도 좋다. 「파이낸셜 타임즈」(Financial Times), 「사우스 차이나 포스트」(South China Post), 「유에스에이 투데이」(USA Today)를 구독하고 있다면 적어도 나란히 지역 신문을 읽어보고, 서로 같은 내용을 어떻게 다르게 다루는지 비교해 보자. 지역 뉴스에서 매우 새롭고 흥미로운 통찰을 얻을 수도 있다.

이러한 전략을 국가 내에서도 마찬가지로 적용할 수 있다. 오바마 대통령이 동료 미국인에게 했던 말이다.

"당신이 단지 「뉴욕타임스」(New York Times)의 사설만을 읽는다면 「월스트리트저널」(Wall Street Journal)의 사설도 읽어 보자. 글렌 벡(Glenn Beck)이나 러시 림보(Rush Limbaugh)의 팬이라면 「허핑턴포스트」(Huffington Post) 웹 사이트도 들어가 보아라. 당신의 피가 끓을 수도 있다. 생각이 쉽게 바뀌지는 않겠지만 반대 의견을 경청하는 연습은 성숙한 시민정신을 위해 중요하다."[11]

9. CQ 코치를 활용하라

문화 중개자 또는 문화 가이드라고도 불리는 CQ 코치는 문화지능을 향상하는 데 많은 도움을 줄 수 있다. 이 전략은 문화지능의 모든 영역에 활용할 수 있다. 하지만 특히 CQ-지식 향상에 매우 중요하다. 내가 처음 대학에서 일을 시작했을 때 수년 전부터 그곳에서 일하고 있던 앤드류라는 친구의 도움이 기억난다. 비록 다른 소속이었지만 정년 보장, 학문적 자유, 학과 운영 등을 이해하는 데 많은 도움을 주었다. 네이빌, 순, 수영, 주디 같은 친구들도 내가 동남아시아를 이해하는 데 수년간 많은 도움을 주었다. 나의 CQ 코치 리스트는 세계 여러 곳에 걸쳐 있으며 지금도 계속 확장되고 있다.

CQ 코치는 문화적 맥락이 다른 상황 안에서 귀중한 가이드가 될 수 있다. 그런 역할을 해 줄 수 있는 누군가를 만난다는 것은 즐거움이기도 하다. 지역 전문가 같은 사람들이 귀한 가이드가 될 수도 있다. 그들은 다른 문화와의 사이에서 가교 역할을 할 수 있기 때문이다. 하지만 나는 문화에 대한 이해가 편향된 전문가를 만난 적도 있다. 따라서 특정 문화에서 살아온 사람이 그 문화의 최고 가이드일 것이라는 생각은 주의해야 한다. 종종 객관성이 부족하기 때문이다.

현명한 CQ 코치는 답변보다는 질문을 더 자주 활용하며 우리에게 지원과 피드백을 아끼지 않는다. 그들은 중립적인 위치를 유지하며 타 문화에 대해 지나친 단순화를 피하는 조심스러움을 지니고 있다. 우리 역시도 어느 개인의 조언만으로 타 문화에 대해 일반화하는 것을 주의해야 한다. 상호문화 전문가인 크레이그 스토르티(Craig Storti)는 다음과 같이 말했다.

"한 개인이 언급하는 문화적 상황과 조언은 그의 나이, 교육 정도, 사회적 · 경제적 배경을 고려해 받아들여야 하며 비슷한 조건의 사람들 사이에서만 유용할 수 있음을 염두에 둬야 한다. 몬타나의 목장 주인과 맨해튼의 은행가에게 저녁 식사 파티에 무엇을 입고 가야 좋을지 물어본다면 결코 같은 답변을 들을 수 없을 것이다."[12]

CQ 코치를 찾는 데 있어 주의해야 할 사항은 다음과 같다.

- 그들은 이곳 문화와 다른 문화들 사이의 차이점들을 구분할 수 있는가?
- 그들은 자기인식과 타자에 대한 인식이 분명한가?
- 그들은 나의 문화, 곧 나의 국가문화 혹은 직업문화에 대해 어느 정도 익숙하게 알고 있는가?
- 그들은 다양한 문화권에서 일한 경험이 있는가?
- 그들은 내가 스스로 문화를 발견해 가도록 많은 질문을 활용하고 있는가? 아니면 단순히 답을 제시해 주고 있는가?
- 그들은 어떤 성격의 사람들이 새로운 문화에 적응해 나갈 때 어려움과 좌절감을 많이 겪고 있는지 설명해 줄 수 있는가?

다문화적 지식을 풍부하게 갖춘 CQ 코치는 당신에게 큰 도움을 줄 것이다. 책을 통해 배울 수 있는 문화적 차이들은 실제 그곳에서 살아본 사람에게서 직접 듣는 것과는 또 다르다. 한 연구에 따르면 문화에 대한 멘토를 가진 국외 거주자나 여행자는 그렇지 않은 사람들보다 문화지능이 더 높게 나타난다고 한다.[13] CQ 코치가 해줄 수 있는 가장 큰 역할은 자신과 타인에게 어떤 질문을 해야 하는지를 가르쳐 주는 것이다.

실제 상황으로 돌아와서

새나는 미국 중서부의 주류문화에 대한 보다 심도 있는 이해를 바탕으로 로버트나 인디애나폴리스의 다른 매니저들과 인터뷰를 준비했어야 했다. 그녀는 지금까지 미시간 주에서 계속 살아오면서 디트로이트의 아랍계 미국인 공동체 안에서 상당한 편견을 키워왔을 것이다. 그녀는 로버트에 대해 고정관념을 갖고 보지 않도록 주의해야 했다. 상이한 문화적 가치에 대해 조금이라도 알고 있었다면 다르게 생각할 수 있었을 것이다. 로버트가 양복을 입고 있었던 것은 아프리카계 미국인이 옷과 외모에 대해 가지는 가치관을 반영하고 있다.

내가 새나라고 해도 예멘에서 이모와 충돌한 것에 대해 적지 않은 충격을 받았을 것이다. 그런 상황에서 방어적이 되는 것은 당연하다. 하지만 새나가 라이프스타일과 이사 문제는 이모의 문화적 렌즈를 통해서 비친 것뿐이라고 생각할 수 있었다면, 신앙심까지 언급하며 화를 낸 이모를 더 적절히 포용할 수 있었을 것이다. 문화지능에서는 소통이 쌍방향으로 이루어진다는 점을 강조한다. 새나가 보여 주는 태도에 따라서 이모도 미국에 사는 새나와 하니에 대해 어느 정도의 문화적 이해를 가질 수 있었을 것이다. 높은 CQ-지식을 가졌다면 상대를 바로 비난하는 공격적 대화와는 다른 접근법을 찾았을 것이다.

로버트는 자신 역시 미국의 소수 민족 집단에 속하면서도 다른 소수 민

KNOWLEDGE

족 사람들 역시 미국에서 태어나 살아가고 있다는 사실을 무시하는 것 같다. 흔히 볼 수 있는 이런 어이없는 착각이 바로 이처럼 새나를 미국에서 태어났다고 보려 하지 않는 것이다. 그리고 로버트가 개인주의와 집합주의에 대한 문화적 가치의 차이에 대해 알았더라면 새나가 그의 남편인 하니와의 만남을 요청한 것을 즉각 거절하지는 않았을 것이다. 집합주의적 문화가 강한 곳, 특히 중동 지역에서는 남편이 배우자의 상관을 만나 믿을 만한 사람인지 확인하고자 하는 것은 이성적인 요청일 수 있다. 로버트 역시 미국 중서부 주류문화에 비해 집합주의적인 성향이 강한 문화에서 자랐다. 하지만 잉그리드와 결혼한 후 20년 동안 미국 주류문화에서 살면서 자신이 태어나고 자란 집합주의적 문화가 아닌 개인주의적 문화에 더 익숙해진 것 같다.

중동의 다른 비즈니스 규칙을 예로 들면서 로버트에게 조언해준 친구 샤론은 어떤가? 그녀의 동료 앨빈이 서류작업 진행을 위해 뇌물을 요구받았고 그것이 비즈니스를 하는 데 있어 자신들과는 다른 규칙이라고 말했다. 우리는 자신들과 다르고 낯설다고 하여 단순히 그들의 규칙과 관행이 나쁘다고 잘라 말하는 행위를 조심해야 한다. 하지만 앨빈이 겪은 것과 같은 도덕적 딜레마의 상황에 대한 우려는 타당하다. 앨빈의 딜레마에 누가 가장 책임이 있는가? 이민국 공무원, 공무원에게 적당한 급여를 지급하지 않는 국가, 이 문제를 말해 주지 않는 선진국과 그 회사들? 누가 이런 관행을 지속시키고 있는가? 샤론이 높은 CQ-지식을 가졌더라면 로버트에게 모든 중동 회사들이 다 그렇다고 생각하는 고정관념에 대해 주의를 주었을 것이다. 그리고 한 가지 더 주의를 당부했을 것이다. 고맥락 문화의 사회에서는 문서화된 계약, 절차, 규정 등이 때로는 함께 일하는 동료와 긴

시간 형성된 관계보다 못할 수도 있다는 사실을.

CQ-지식 향상시키기

다양한 문화에 대해 수많은 정보가 우리 주변에 가득하다. 그렇다고 처음부터 너무 과도한 욕심을 부리지는 말아야 한다. CQ-지식을 향상할 수 있는 한두 가지부터 천천히 시작해 보자.

CQ-지식을 향상하기 위해 가장 먼저 해보고 싶은 두 가지를 아래 리스트에서 선택해 보자.

① 문화 속으로 걸어 들어가라. ② 구글의 스마트한 사용자가 되라. ③ 글로벌 지식을 늘려라.	비즈니스문화 시스템
④ 영화를 보거나 소설을 읽어라. ⑤ 문화의 다양한 가치를 배워라. ⑥ 자신의 문화정체성을 탐구하라.	문화 간 가치 차이
⑦ 새로운 언어를 공부해 보라.	사회 언어학적 차이
⑧ 다양한 관점으로부터 배워라. ⑨ CQ 코치를 활용하라.	리더십

무엇을, 언제부터 시작해 볼까?

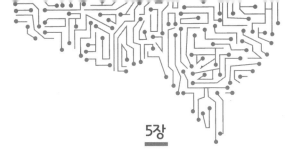

문화지능 전략
: CQ-전략

이제까지 다른 문화의 사람들과 만나서 함께 일하고자 하는 '동기'와 그들의 어떤 점이 자신과 비슷하고 다른지에 대한 '지식'의 중요성을 설명했다. 이러한 CQ-동기와 CQ-지식을 가지고 실제로 어떻게 행동해야 하는가에 대한 것이 CQ-전략이다.

CQ-전략은 묻는다: 다른 문화의 사람들을 만나 미팅을 하고 함께 업무를 해 나가야 하는데 과연 그들을 바로 알고 그에 적합한 계획을 세워 효과적으로 만남을 진행할 수 있을까? 이것은 동기와 지식을 실제 상황에 적용하는 능력으로서 문화지능이 가진 중요한 장점 중의 하나이다.

· **CQ-전략:** 다문화적 상황에서 일어날 수 있는 일들을 어느 정도까지 예상하여 준비하고 있는가? 효과적인 만남을 위해 가지고 있는 지식을 최대한 활용하여 상황을 예상해 보고 그에 따른 계획을 세워 본다.

- **핵심 질문**: 다문화적 상황을 효과적으로 이끌어 가기 위해 무엇을 계획해야 하는가?

문화지능 CQ가 필요한 실제 상황

인터뷰를 마치고 집으로 돌아온 새나가 남편 하니에게 말했다.

"시간 낭비였어. 나는 이 일을 하지 않을 거야."

그러면서 그녀는 오늘 일어난 모든 일을 이야기했다. 로버트가 인터뷰를 30분이나 늦게 한 것과 그가 회사 내에서 정장을 입은 유일한 사람이었다는 사실을 포함해서. 그것은 로버트가 자신에게 첫 만남에서부터 힘을 과시하려는 것처럼 보였다고 말했다.

"왜 그는 어두운 정장을 입고 그렇게 늦게 인터뷰를 했을까?"라고 자문하며 "마치 나한테 자신이 보스라는 사실을 확실히 알려주려는 것 같았어."라고 말했다.

하니는 대답했다.

"말도 안 돼! 그는 재무이사잖아. 그래서 정장을 입은 것뿐이야. 그리고 아프리카계 미국인들은 항상 늦어. 당신 부모님이 그러는 것처럼. 그건 문화적인 거야."

그녀는 자신의 히잡이 로버트에게 불편함을 주었을 거라고 생각했다. 사실 히잡을 벗고 가야 하나 고민을 했었다. 디트로이트에 있는 많은 무슬림 친구들은 고등학교 때부터 히잡을 착용하지 않는다. 구식이라고 여기기 때문이다. 그러나 새나는 그것을 쓰고 있는 것이 오히려 편했다. 그리고 고용주가 미리 히잡을 착용하는 자신의 모습을 보아야 나중에 놀라는 일이 없을 거라고 판단했다.

한편 로버트는 두 시간 후에 중동 회사와 매각에 대한 중요한 미팅이 있었는데 그 준비로 분주했다. 모든 자료를 검토해 보니 중동 회사와 서로 윈윈(win-win) 할 수 있을 것만 같았다. 하지만 샤론이 해 준 이야기를 떨칠 수가 없었다. 로버트와 그의 회사는 투명성과 진실성에 대한 자부심이 강했다. 사실 미국 법무부는 로버트에게 모범적인 사례가 되고 있는 그의 회사를 대표해서 독점금지 회담에 참석해 달라는 요청까지 했을 정도이다.

로버트는 있는 그대로를 밝히는 것이 좋겠다고 결심했다. 샤론에게 들은 이야기를 그들에게 해 주고 어떤 대답을 하는지 듣기로 했다. 또한 회사의 재정사항을 투명하게 밝히면서 비즈니스와 부패에 대한 그들의 생각도 들어보기로 했다.

일주일 후, 로버트는 다른 행정비서 지원자들과도 인터뷰했다. 그리고 새나가 가장 적합한 사람이라고 생각했다. 인사과에서도 그녀를 좋게 평가했는데 행정 능력과 대인 관계에 대한 기술이 균형 있게 갖추어져 있다고 판단했다.

로버트는 결단력이 빠른 사람으로 알려졌다. 그러나 이번만큼은 쉽지 않았다. 그는 새나의 음성 메일에 전화를 걸면서 그녀가 받지 않기를 바랐다. 정말 받지 않았다. 그는 단지 그녀가 말할 때 외국 악센트가 담겨 있는지를 알아보고 싶었다. 그녀의 녹음된 음성에서는 어떤 외국 억양도 찾을 수 없었다. 로버트가 외국인에 대해 반감을 가져서가 아니다. 그 역시 외국인과 결혼했다. 문제는 상대하는 고객들 때문이다. 고객들은 자기처럼 외국인에 대해 우호적이지만은 않다. 그는 항상 그들이 하는 인종주의적 발언과 행동들을 참고 견뎌야 했다. 로버트의 원래 목소리는 크고 우렁찼는데 업무의 성격상 조용하게 말하는 법을 배워야 했다. 재무팀에 있는 6피트 2인치인 아프리카계 미국인 남성에 대해 사람들이 시끄럽고 위협적이라고 말하는 것을 원치 않았기 때문이다. 고객들이 사무실에 와서 새나를 보면 어떻게 할까? 대부분 새나를 만났을 때 어떻게 해야 할지 잘 모를 것이다.

로버트는 문득 자신의 문제를 깨달았다.

'내가 지금 무슨 생각을 하는 거지?'

과거의 기억이 한 가지 떠올랐는데 회사 동료들이 자신에게 똑 부러지게 말을 잘한다며 비꼬아 말했던 일이었다. 옆 사무실 동료인 존과 별반 다르지 않은데도 말이다. 하지만 존은 백인이므로 누구도 그가 똑 부러지게 말을 잘한다고 비꼬아 표현하지 않았다. 로버트는 자신이 동료들로부터 겪었던 일을 새나에게도 똑같이 하는 것인가?

로버트는 인종차별을 거부한다. 그는 새나를 고용하기로 했다. 인종적·종교적으로 다른 그녀의 배경은 무시하고 단지 하나의 인격체로 대하기로 했다. 우리는 어떻게 생겼든 모두가 똑같다!

CQ-전략이 대체 이것과 무슨 상관인가

CQ-전략은 다문화적 상황을 인지하는 능력이자 상대방의 문화를 이해하고 그에 맞추어 계획을 세우는 능력이다. 문화지능의 이러한 요소는 필자가 가장 먼저 흥미를 느낀 부분이었다. 필자는 다른 문화에 대한 지식을 다루거나 어떻게 행동해야 하는지에 대한 가이드가 담긴 많은 자료를 살펴보았다. 하지만 개인적인 경험과 연구에 따르면, 비교문화 관련 전문가들도 실제에서는 비참하게 실패한다. 눈에 보이는 상황 뒤에 감추어진 미묘함들을 이해해야 하기 때문이다. 가령 불확실성 회피 경향이라는 문화적 가치의 차이에 대해 이론적으로 알고 있다고 치자. 그런데 과연 그러한 지식을 현실에서 유용하게 적용해 활용할 수 있을까? CQ-전략은 아는 것과 행동하는 것 사이의 가교 역할을 한다. 이것은 다문화적 상황에서 당신이 실제 행동하는 데 중요한 역할을 한다.

새나와 로버트 두 사람 모두 CQ-전략이 높았다면 많은 도움을 받을 수 있었다. 새나의 경우 로버트가 인터뷰를 늦게 시작한 것과 그의 복장을 보면서 가졌던 생각을 보면 CQ-전략의 수준을 알 수 있다. 로버트 역시 자신과 새나의 문화적 차이를 무시한 점이나 중동 고객에게 부패에 대한 우려를 직접적으로 표현하려 하는 것을 보면 그 수준이 드러난다. 두 사람 모두 CQ-전략이 낮음을 알 수 있다.

다시 한 번 CQ-전략은 묻는다: 다른 문화의 사람들을 만나 미팅을 하고 함께 업무를 해나가야 하는데 과연 그들을 바로 알고 그에 적합한 계획을 세워 효과적으로 만남을 이끌어 나갈 수 있을까? 테스트 결과에 따르면 CQ-전략은 많은 이들에게 가장 취약한 능력이었다. 왜냐하면 우리 대부분이 정신없이 빠른 속도로 살아가고 있어 깊게 생각하고 숙고해 볼 내적 여유가 거의 없기 때문이다. CQ-전략은 깊이 사고하려는 의도적인 노력 없이는 향상될 수 없다. CQ-전략의 기술적 용어는 '메타 인식'이다. 다시 말해 '생각하는 것에 대한 생각하기'이다. 즉각적인 감정과 생각들로부터 한 걸음 물러나 자신을 관찰하려는 노력이다. 다른 사람에 대해서도 마찬가지의 노력을 기울여야 한다. 결국 행동에 대해 숙고하기 또는 숙고하는 행동이라 말할 수 있다.

다문화적 만남이나 업무를 위해 상대의 문화에 대한 지식을 잘 활용하여 예측하고 계획하는 데 노력을 기울이는 것이 CQ-전략이다. 높은 CQ-전략은 문화 간 만남과 소통을 잘 분석하고 예측하여 효과적으로 적응시킨다. 낯선 문화와의 만남을 위해 무엇을 더 알아야 하고 준비해야 하는지 신중해야 한다. 만남을 준비하면서 미리 세워놓은 가정들에 대해서도 실제로 경험을 통해 알게 되기 전까지는 확정적으로 대하지 않는다. 높은 CQ-전략을 가진 사람은 분석하고 숙고하는 것이 몸에 배어 있다.

CQ-전략의 세 가지 영역

CQ-전략에 대해 더 깊이 이해하기 위해서는 보다 구체적인 세 개의 영역을 나누어 살펴보아야 한다. CQ-전략은 바로 인지하고, 계획하고, 점검하는 것이다. 이는 광범위한 연구를 통해 문화 간 상호 이해와 통찰을 제고하는 방법으로 아래와 같다.[1]

• 인지하기

다문화적 환경에서 일어나고 있는 개인적이고 문화적인 여러 상황을 인지하는 정도이다. 점수가 높으면 문화 간 만남에서 자신과 상대방에게 일어나고 있는 것들을 잘 관찰하는 통찰력과 기민하다는 것을 의미한다. 점수가 낮으면 문화 간 만남에서 일어나는 일련의 상황들에 대해 인지의 정도가 낮다는 의미이다.

• 계획하기

다문화적 상황에서 어떻게 잘 대처해야 하는지 예측하고 대응해 보는 것이다. 높은 점수는 다문화적 만남에서 어떻게 관계하고 일해야 할지 사전에 미리 계획을 세워보는 노력의 강도를 의미한다. 낮은 점수는 다문화적 상황을 위해 미리 계획하는 것에 제한된 가치를 두는 것을 의미한다.

• 점검하기

다문화적 상황이 어떠했으며 당신이 적절히 행동했는지를 스스로 모니터링하는 정도이다. 높은 점수는 계획이 적절했는지 충분히 돌아보고 확인하는 것을 의미한다. 낮은 점수는 다문화적 만남을 위해 세웠던 예측과 계획이 정확했는지 충분히 점검하지 않음을 의미한다.

위에서 세 가지 영역으로 나누어 살펴본 CQ-전략의 세부 내용은 이어서 제시될 구체적 전략들과 긴밀하게 연결되어 있다. 다문화적 상황에 대처하기 위한 상호 문화 전략들은 과학적인 연구에 근거해 만들어졌다. CQ-전략의 세 가지 영역에 대한 여러 사례를 살펴보자.

CQ-전략 높이기

이어지는 내용은 CQ-전략을 향상하는 데 도움이 되는 전략 리스트이

5장 문화지능 전략

STRATEGY

다. 이 전략들은 모두 다문화적 상황에 대응하기 위해 제시되고 있는 것으로서 특히 메타 인식에 대한 과학적 연구 기반에 근거한다. 모든 전략을 지금 당장 한꺼번에 사용할 필요는 없다. CQ-전략을 향상하기 위한 여러 가지 방법이 있으므로 가장 흥미를 끄는 것부터 시작해 보자.

① 일단 멈추고 주시하라. ② 넓게 생각하라. ③ 깊이 집중하라. ④ 일지를 써라.	인지하기
⑤ 소통의 기술을 익혀라. ⑥ 너무 높은 기대감은 버려라. ⑦ 체크리스트를 만들어라.	계획하기
⑧ 상황을 재구성해 보라. ⑨ 계획의 정확성을 점검하라. ⑩ 더 나은 질문을 하라.	점검하기

1. 일단 멈추고 주시하라

CQ-전략을 향상하는 한 가지 방법은 다문화적 상황을 예의 주시하며 무슨 일이 일어나고 있는지를 파악해 보는 것이다. 이 전략의 핵심은 자신이 보고 있는 것에 대해 즉각적인 대응 없이 주시하는 것이다. 관찰하고 있는 것을 당장 이해하려거나 의미를 부여하려고 서두르지 말자. 이것은 반(反)직관적인 것이다. 우리는 어떤 것을 보거나 알게 되면 즉시 그 의미를 해석하려 들고 그에 따라 반응하고자 하는 충동을 느낀다. 그러다 보니 성급하게 가정을 세우거나 결론을 내려버린다. 사람들이 왜 그런 방식으로 옷을 입는지, 왜 시장에 남자들만 보이는지 하는 것들에 대해서 말이다. 하지만 섣부르게 판단을 내려서는 안 된다. 눈에 들어오는 상황을 주시하되 대응을 미루어 보자. 자기 자신에게 거리를 두고 관조해 보는 것도 좋다. 물론 여기에는 노력이 필요하다. 쉽지는 않겠지만 그렇게 계속 훈련해 보자. 관찰하고 있는 것에 대한 즉각적인 판단을 유보하는 훈련을 하게 되면 변화하는 내 모습을 발견할 수 있을 것이다.[2]

필자는 최근에 미국인 친구와 태국행 비행기를 탔다. 친구가 말했다.

"대부분의 아시아인은 버스나 비행기 타는 것을 보기 전까지는 공손하고 내성적인 것처럼 보이지. 하지만 실제로는 절대 그렇지 않아. 그들은 다른 사람이 자기보다 앞서 가는 것을 용납하지 않거든."

내가 아시아에 있을 때마다 서양 사람들로부터 이와 같은 말을 많이 들었다. 그리고 나 역시 나이가 지긋이 든 중국 여자들로부터 불쾌할 정도로 밀쳐진 적이 한두 번이 아니었다. 인류학자인 맥크래큰(McCracken)에 따르면, 우리는 이와 같은 경험들에 대해 멈추고 질문할 줄 알아야 한다는 것이다.

"흠…… 왜 그런 건지 궁금한데?"[3]

다 건너뛰어 결론부터 짓지 말고 여유를 가지고 한동안 그것에 대해 숙고하며 수수께끼처럼 이해하기 힘든 경험들을 돌아보라는 것이다.

아시아에서 여러 사람과 부대끼는 시간을 충분히 가져 본다면 그곳에서는 서로 밀치는 일들이 종종 필요하다는 것을 이해하기 시작할 것이다. 모든 사람이 차례차례 다 받을 것이니 줄을 서서 기다리라는 학교 선생님의 가르침만으로는 그곳에서 살아남기가 쉽지 않다. 누군가는 뒤처질 것이고 약간의 공격적 성향은 생존의 수단이 될 수밖에 없었다.

그레고리 데이비드 로버츠(Gregory David Roberts)는 경이로운 소설 『샨타람(Shantaram)』에서 이것을 숙명론(the doctrine of necessity)처럼 언급했다. 인도에서 기차에 올라타는 데 필요한 물리적인 힘과 폭력의 양은 비좁은 여행을 가능한 한 즐겁게 만드는 데 필요한 예의와 배려의 양과 같다는 것이다. 로버츠는 다음과 같이 썼다.

"만약 프랑스인이나 호주인 혹은 미국인 10억 인구가 그런 좁은 공간에서 살았다면 열차에 타려는 싸움은 더 격렬했을 것이고 양보의 미덕을 덜 보였을 것이다."[4]

당연히 우리 일행과 비행기에 탑승한 사람들은 이미 비행기 좌석이 분명히 정해져 있었다. 좌석이 정해져 있는 비행기에 탑승하는 순간에도 그들은 자신들이 살아온 생존 전략에 대해 잊지 않고 있었을 뿐이다.

새나에게는 회사의 다른 직원들과 비교해 로버트가 입은 복장이 그의 심리를 말해 주는 좋은 힌트였다. 하지만 위험할 수도 있다. 그녀가 오늘 로버트가 정장을 입은 이유를 안다는 식으로 단정 지어 버린다면 말이다. 같은 식으로 적용해 볼 수 있는 것이 예정된 시간보다 30분 늦게 온 것에 대한 것이기도 하다. 새나와 로버트는 그날 벌어진 일들에 대한 이유를 성급히 판단해 버렸다. 로버트 역시 새나의 이름과 머리에 쓴 히잡에 근거해 그녀를 판단했다. 그녀가 무슬림일 것이라는 가정에 대한 다른 근거는 없었다.

당신 주변을 한번 둘러보자. 그리고 질문해 보자.

"왜지? 왜 그럴까?"

공항은 왜 이런 식으로 운영되고 있을까? 여기서 일하는 사람들은 왜 저런 옷을 입고 있을까? 무슨 이유가 있지는 않을까? 사보를 통해 이 조직

STRATEGY

에 대해 알 수 있는 것은 무엇인가? 이런 것들에 대해 여유롭게 시간을 갖고 본다면 새롭고 낯선 것들에 대해서 더 정확한 의미를 찾고 이해할 수 있을 것이다. 잠시 판단을 유보하고 오직 차분히 주시만 해 보자. 일체의 반응도 대응도 없이.

2. 넓게 생각하라

CQ-전략을 향상하는 또 다른 방법은 생각을 넓게 하는 훈련이다. 이에 대한 편안함 정도는 자신의 개성과 어느 정도 관련이 있다. 심리학자들에 따르면 모는 사람은 저마다의 카테고리 폭(category width)이라는 것을 가지고 있다고 한다. 어떤 대상을 바라볼 때 자신이 가진 카테고리에 속하는 것인지 아닌지에 따라 느끼는 편안함이 달라지는데, 그 정도가 사람마다 다르다는 것이다. 무의식적으로 부여하고 있는 자신만의 틀에 딱 맞아떨어지지 않았을 때 불편함 내지는 불쾌함을 느낄 수 있는데, 이와 같은 카테고리 폭은 저마다의 개성, 양육 방식, 문화 등의 차이로 인해 다 다르다고 한다.

좁은 카테고리 폭

Right	Different	Wrong

넓은 카테고리 폭

Right	Different	Wrong

Based on concepts in T.F.Pettigrew, "the measurement and Correlates of Category Width as a Cognitive Variable," Journal of Personality 26(1958):532-544

5장 문화지능 전략

필자는 매우 좁은 카테고리 폭에서 성장했다. 내 할아버지는 하나의 만트라를 집에서 자주 반복하셨는데, 그것은 "의심이 들면 하지 마라."였다. 이 생각은 회색 지대 안에 있는 것은 무엇이든 피하라는 것이었다. 그리고 솔직히 우리 집에는 회색 지대로 간주하는 것은 거의 아무것도 없었다. 부모님께서는 내가 지켜야 할 많은 규칙을 제시했는데, 옷을 입는 것, 갈 수 있는 사교 모임, 머리 길이 등이 그랬다. 이것은 어떤 면에서는 매우 안정적인 양육을 위해 도움이 되었다. 모호한 것들이 그리 많지 않았기 때문이다. 세계를 옳은 것과 틀린 것으로 깔끔하게 나누어 바라볼 수 있었다.

그러나 대학 진학 후 신념에 대한 의심과 여러 나라로의 여행 등 일련의 사건과 변화들은 카테고리 폭을 많이 넓혀 주었다. 물론 여전히 나는 옳고 그른 것으로 간주하는 것들을 가지고 있다. 그리고 성인이 되기 전에는 생각조차 안 해 보았던 카테고리들-빈곤, 환경, 인권 등-도 있다. 지금의 나는 훨씬 넓은 카테고리 폭을 가지고 있다. 그래서 많은 것들이 이것은 옳고 저것은 틀렸다는 식의 이분법으로 쉽게 나누어지지 않는다.

여러분은 어떠한가? 자신의 카테고리 폭은 어느 정도인가? 이와 같은 느슨한 관점에 거부감을 느꼈다면 아마도 여러분이 더 좁은 카테고리 범위를 가졌음을 의미할 것이다. 그렇다고 문제가 될 것은 전혀 없다. 한번 보라. 나는 넓은 카테고리 범위를 가졌다. 그래서 나는 여러분이 나와 다르다는 것에 대해 긍정한다. 하지만 좁은 카테고리 범위는 분명히 문화적 차이를 어떻게 해석해야 하는가에 따라 더 큰 도전을 요구할 것이다.

좁은 카테고리 폭은 '틀렸다'라는 것에 초점을 많이 둔다. 다른 문화권 사람들의 행동을 관찰할 때 관찰자 자신의 문화적 맥락과 행동방식을 기준으로 그들을 구분하려고 한다. 예를 들어 좁은 카테고리의 소유자는 마음속으로 '저래서는 된다', '안 된다'라는 식으로 판단하길 좋아한다. 가령 알맞지 않은 옷차림에 대한 판단 기준, 부부간에는 이러저러해야 한다는 규범 등을 가지고 있다. 좁은 카테고리의 소유자는 한 사람의 행동이 자신의 카테고리에 들어가 있지 않다면 그것을 예외적인 것으로만 치부해 버린다. 카테고리 전체 안에서 있을 수 있는 하나의 가능성으로 보지 않는다.[5] 좁은 카테고리 폭을 가진 사람들은 매우 빨리 옳고 그른 것들을 나누어 버린다.

반면 넓은 카테고리 폭을 가진 사람들은 자신의 기존 카테고리에 들어 있지 않은 것들에 대해서 보다 많은 포용과 관용을 보여준다. 같은 카테고리 안에 서로 모순된 것들조차 함께 두기도 한다. 예를 들어, 넓은 카테고리의 소유자는 부모와 자식 간의 올바른 관계에 대해 문화적 배경에 따라 다를 수 있다고 인정할 것이다. 자신의 문화에서 여겨지는 올바른 부모와 자식 간의 관계가 다른 문화에서도 똑같이 취급되지 않을 수 있다는 것을 받아들인다. 또한 넓은 카테고리의 소유자는 문화적인 차이로 인한 새로운 행동들을 목격했을 때 그것을 옳거나 틀린 것 혹은 정상적이거나 이상한 것으로 여기기보다는 다른 카테고리의 영역으로 간주하는 경향을 보인다. 이러한 차이가 진보적이고 자유주의적인 것과 보수적인 것 사이의 구분과 일치되어 나타나는 것은 아니다. 매우 관용적이지 않은 진보주의자를 본 적이 있다. 그는 사실 자신과 다른 생각과 신념에 대해서는 무척 보수적인 내면을 가지고 있었다. 다시 말해 좁은 카테고리를 가진 진보주의적 성향의 사람도 얼마든지 존재할 수 있다.

마음의 훈련을 통해 여러분은 보다 넓게 생각할 수 있으며 이를 통해 CQ-전략을 향상할 수 있다. 세부적인 것이 아닌 보다 큰 그림으로 세상을 바라보는 연습을 하는 것도 좋은 방법이다. 다시 말하지만 이것에 대한 편안함 정도는 자신의 개성과 관련되어 있다. 모든 조직은 큰 그림을 그릴 줄 아는 사람과 디테일한 부분을 세심히 생각할 줄 아는 사람 모두를 필요로 한다. 여기에서 목표는 세부적인 사항에 더 관심을 기울이는 사람을 변화시키려는 것이 결코 아니다. CQ-전략의 향상을 위해 어느 정도의 시간 동안 디테일한 부분에 집중하는 것을 넘어서서 더 크게 그림을 그려 볼 수 있는 노력도 필요하다는 것이다.

제이슨 프리드와 데이비드 하이네마이어 핸슨과 같은 소프트웨어 기업가들은 디자인을 시작할 때 언제나 볼펜이 아닌 두꺼운 마커 펜을 사용했다고 한다. 그들에게 볼펜 끝은 너무 뾰족하고 섬세해서 디테일한 것에 함몰되게 만든다. 그러나 마커 펜은 스케치를 하는 동안 디테일한 것에 앞서 큰 그림을 먼저 그릴 수 있도록 해 준다.[6]

넓게, 그리고 글로벌하게 생각을 하게 되면 신경학 상으로 변화가 일어난다. 너무 세세한 것들에 많이 둘러싸여 있으면 깊은 통찰이나 창조적 발상이 일어나기 매우 어렵다. 막다른 골목에 다다라 문제를 해결하기 어렵다고 느껴지면 그것에서 벗어나 거리를 두어 보자. 그리고 다른 것들을 생각하다가 다시 돌아가 보자.[7] 이런 기초적인 습관이 CQ-전략의 향상과 관계가 있다. 다문화적 작업은 종종 당신을 예상할 수 없는 상황에 적응하도록 요구한다. 보다 넓게 생각하는 법을 배운다면 당신이 마주치는 낯선 문화 간 차이들을 보다 잘 이해하고 해석해 낼 수 있을 것이다.

3. 깊이 집중하라

이는 바로 앞에서 제시한 전략과 거울 반대편에 놓인 것과 같다. 넓게 생각하는 전략이 예상치 못한 상황에 대처하기 위해 좋은 방법이라면, 깊이 집중하는 전략은 우리가 자칫 놓칠 수 있는 것들을 최소화하는 데 도움을 준다. 그래서 두 가지 전략 모두가 필요한 것이다.

이 전략은 명상(mindfulness)과도 깊은 연관이 있다. 명상이란 몸, 마음, 의식 모두에서 일어나는 것들에 '깨어 있음'을 의미한다. 이것은 나를 둘러싼 환경 모두에 똑같이 적용될 수 있다. 비교문화적 상황에서 명상은 생각과 행동의 오래된 습관에서 벗어나게 해 준다. 생각 없이 농담하고, 급하게 이메일을 쓰고, 반응 없는 상대로 인해 상처받던 습관들에서 말이다. 우리의 뇌는 수위를 끄는 여러 가지 일들을 자동 처리하는 상치처럼 삭동한다. 그러나 문화적으로 다양한 환경에 놓인다면 이메일을 쓰거나 간단한 대화를 나눌 때조차도 보다 많은 명상이 필요하다.

다음의 항목을 보면서 내 경우는 어떤지 생각해 보자.

- 자동조정장치처럼 운전할 때가 있다. 그래서 목적지에 도착하고 나면 내가 여기에 어떻게 왔는지 의문이 들 때가 있다.
- 현재 일어나고 있는 일에 계속 집중하기 어렵다.
- 무엇인가 정말로 내 주의를 끌기 전까지는 육체적 긴장이나 불편함의 느낌을 자각하려 들지 않는다.
- 내가 하는 일들에 대해 많은 부분 인지 없이 자동으로 행동하고 있는 것처럼 보인다.
- 한 귀로만 다른 사람의 말을 듣고 동시에 다른 것을 하는 모습을 발견한다.

5장 문화지능 전략

심리학자인 커크 브라운(Kirk Brown)과 리처드 라이언(Richard Ryan)에 의해 깨어 있는 마음의 자각 정도를 측정하는 설문조사(Mindful Attention Awareness Scale)가 개발되었다.[8] 여기에 해당하는 항목들이 많을수록 마음을 집중하는 훈련을 받는 것이 도움이 된다고 한다. 이것은 CQ-전략 향상에도 도움이 된다.

마음을 집중시키는 데 도움이 되는 몇 가지 방법들을 살펴보자.

- 외부의 소리 하나를 선정해 30초 동안 집중해 보자. 마음을 산만하게 하지 마라. 계속 그 소리에 마음을 집중시켜라.
- 60초 동안 고요하게 앉아 당신의 마음이 가는 곳을 지켜보라. 생각의 열차를 따라가 보자. 무엇을 발견하였는가?
- 지금 자신에게 들어오는 데이터를 찾아라(소리, 경관, 향기, 느낌 등). 그리고 그것에 집중해 보자. 자신의 몸이 지금 느끼는 것에 대해 생각할 수 있을 것이다. 의자에 앉아 옷의 감촉을 느껴볼 수도 있고 새가 노래하는 소리를 들어 볼 수도 있다. 지금 바로 10초 동안 이것을 해 보자. 어쩌면 당장 10초 동안 집중하기도 매우 어렵게 느껴질 수 있다. 당신의 마음은 더 오래 집중하기를 원할 수도 있다. 그러나 다른 것을 생각하다가(무엇을 먹어야 할지 등) 느낌이나 소리에 집중하지 못할 수 있다. 마음은 항상 다음 것으로 이동하기를 원한다. 그래서 마음 집중 훈련이 이 속도를 줄여주는 데 유용하다. 그래서 우리 주위에 있는 모든 것들에 더 많은 시간을 보낼 수 있도록 말이다.[9]
- 길을 따라 걸어 보라. 한 발 한 발 걸을 때마다 내 몸 안의 느낌을 의식해 보자. 단순히 걷는 행위 그 자체에 집중해 보자.

이런 종류의 훈련을 자주 하다 보면 마음의 흐름을 더 잘 인지할 수 있게 된다. 이는 높은 수준의 의식적 자각을 하게 하며 다문화적 업무나 관련 일을 할 때도 도움을 줄 것이다. 명상과 마음 집중 훈련은 자신을 보다 깨어 있게 만든다. 종교적 관점이든 세속적 관점이든 상관없다. 깊게 집중하는 훈련은 다문화적 상황에서 미세한 단서들을 놓치지 않고 잡아내는 데 도움을 준다. 요가 클래스에 참여해 보는 것도 좋다. CQ-전략 향상에 도움이 될 것이다.

4. 일지를 써라

몇 주간 일지를 가지고 다녀 보자. 해외로 여행을 떠나거든 다른 문화적 상황과 환경에서 관찰한 것들과 그로부터 얻은 통찰들을 기록해 두면 좋다. 보이는 것들 뒤에 감추어져 있는 의미들을 찾아 나서기 시작하라. 그리고 그 의미들이 실제로 확인되어 확신이 들 때까지 새로운 이해와 통찰들을 그대로 두어 보자.

일지는 보고 듣고 이해한 것들(CQ-전략의 첫 번째에 해당)을 써 두는 곳이다. 왜 다른 문화에서는 이렇게 다른지에 대한 추측과 가정들을 써 놓기에 좋다. 성급하게 판단하지 말고 자신에게 질문을 던져 보자.

일지를 쓸 때에는 반드시 시간순으로 쓰지 않아도 좋다. 불만스러운 것들을 기록하고, 어떤 것들이 일어났을 때 느낀 감정을 기술해 보고, 마음을 자극한 질문들을 써 보아라. 청중을 의식하고 기록하지 마라. 일지는 자신의 편견, 두려움, 불안감, 불평을 허락하는 안전한 장소이다.

타 문화 사람들에 대한 관찰을 기록하는 것뿐만 아니라 자신에게 일어나고 있는 일들에도 관심을 기울여 보라. 가능한 객관적으로 자신을 보기 위해 한 발 물러서서 보는 것도 좋다. 다른 사람의 시선으로 자신을 본다고 상상해 보자.[10] 이런 종류의 자기인식은 매우 중요한데, 왜냐하면 우리가 행동하는 방식에 영향을 주는 많은 것들이 실은 자신도 모르게 받아들인 것이기 때문이다. 생각과 행동의 패턴들 가운데 많은 부분이 무의식적이다.[11]

일지를 활용하는 것은 CQ-전략을 위한 다른 항목들을 향상하는 데에도 도움이 된다. 가령 주시(noticing)하는 것이나 깨어 있게(mindful) 하는 것들 말이다. 이미 알아차렸겠지만 CQ-전략은 다음과 같은 것들을 요구한다. 관찰하고 생각하고 느낀 것들을 다시 되짚어 이해하기 위해 반자동화된 행동을 멈추고 스스로에게서 한 발짝 물러서야 한다. 예를 들어 다른 문화와의 만남이 이루어지는 한복판에서 짜증이 나거나, 지루하거나, 고독을 느낄 수 있다. 일지에 그것들을 써라. 왜 그런 감정이 느껴지는지 몰라도 상관없다. 짜증이나 고독으로 치부되는 것을 넘어서는 일련의 자기수련들도 메모해 두어라. 그런 감정들에 의해 소모되고 있는 에너지를 줄일 수 있다.

내적 산만함에 주목해 보기 위해 일지 쓰기를 이용해 보라. 다문화적 상황에서 분주할 때 내면에서 일어나는 강력한 소리가 있다. 한 연구에 의하면 사람들은 마음이 다른 곳으로 이동하기 전에 평균적으로 10초간 생각을 붙잡고 있다고 한다.[12] 붙잡고 있는 생각들을 기록해 두어라.

일지는 컴퓨터 자판보다는 손으로 기록하는 것이 좋다. 손으로 기록하면 보다 사색적이고 반성적인 사고 과정이 일어난다고 한다. 많은 사람들이 워드프로세스 모드에서 살아가고 있다. 펜과 종이를 사용하는 촉각적인 작업이 일지 쓰기에 필요한 차분히 숙고하는 과정을 만들어 준다. 일지 쓰기는 다문화적 상황에서 만나는 일련의 단서들을 어떻게 해석해야 하는지 사고할 수 있는 능력을 향상시킨다.

믿을 수 있는 사람과 일지에 적어 둔 생각들을 공유해 보자. 일지 쓰기의 매우 긍정적인 가치는 나중에 다시 읽어 볼 수 있다는 것이다. 숙고했던 것을 몇 주 후, 몇 달 후, 아니면 몇 년 후에 다시 읽어 보라. 나는 고등학교 때부터 쓴 글들을 아직 보관하고 있다. 너무 놀라지는 마라. 이것이 나에겐 일종의 치료와도 같다. 한동안 쓰기를 멈추었던 시기에는 큰 실수들을 하곤 했다. 기록들은 시간을 되돌아가 당시의 상황을 다시 바라보게 한다. 이러한 과정은 즐거움과 고통스러움을 동시에 주기도 하지만 결국 나를 변화시키는 힘을 가지고 있었다.

글을 쓴다는 것은 자신과 타인을 이해하는 데 있어 다른 방식과 비교할 수 없는 놀라운 힘을 가진다. 우리를 느리게 만드는 가운데 깨어 있게 하고, 그러는 과정에서 우리의 주변과 그 의미를 더욱 잘 인식하도록 도와준다.

로버트와 새나는 자신들만의 내적 관찰을 기억하고 있는 것처럼 보인다. 로버트는 아프리카계 미국인 남성으로 자신의 경험을 생각하면서 새나를 고용할지에 대한 판단을 고민하고 있었다. 새나는 히잡을 벗는 문제에 대해 어떻게 하는 것이 좋을지 생각하였다. 만약 그들이 시간을 갖고 이것에 대한 일지를 써 보았다면 CQ-전략 향상에 더욱 도움이 되었을 것이다. 다른 사람을 위한 것이 아니라 바로 자신을 위해서 말이다.

5. 소통의 기술을 익혀라

다른 문화권 사람들과의 관계가 많아질수록 도전과 갈등의 가능성은 더 커진다. 다른 문화권의 식당 종업원과 소통할 때에는 때로 사소한 불평

STRATEGY

이 갈등으로 표면화되기 쉽다. 다른 문화권의 사람들과 한 교실에 같이 있다는 것 역시 도전적인 일이다. 어떤 프로젝트를 타 문화 사람들과 한 팀을 이루어 하게 된다면 보다 더 도전적인 일이 될 것이다. 결혼은 또 어떠한가? 그것만큼 도전적인 일은 아마 없을 것이다. 사교 모임에서도 역시 문화적 차이로 인해 느낄 수 있는 어려움이 많다. 만약 여러분이 엔지니어로서 다른 문화 지역의 사람과 온종일 함께 일한다면 오히려 어느 정도 편안함을 느낄 것이다. 그러나 일이 끝난 후에 사교를 위한 시간을 함께 갖는다면 오히려 더 어색하고 불편할 수 있다.

이러한 만남의 시간을 보다 편안하게 보내고자 할 때 무엇이 필요할까? CQ-전략 향상을 위한 제안은 바로 준비와 계획을 하라는 것이다. 같은 문화권의 사람과 커피 한 잔을 하게 된다면 적당한 주제와 유머, 가벼운 대화거리에 큰 부담을 느끼지 않는다. 그러나 다른 문화권의 사람과 커피를 마셔야 하는 자리가 생겼다고 가정해 보자. 몇 분이라도 좋으니 미리 적당한 질문거리와 같은 함께 공유할 수 있는 소통 방법들을 준비하는 것이 좋다. CQ-전략의 향상을 통해 타인과 소통하는 기술이 나아질 것이다. CQ-지식에서 배웠던 것들이 이 준비 작업에서 매우 유용하게 활용될 수 있다. 사실 미팅을 할 때면 계획대로 잘 진행되지 않을 때가 많다. 그러나 바로 사려 깊은 준비와 예상들이 나의 CQ-전략 향상에 도움이 되었다. 이것은 비용 문제나 업무평가와 같은 어색한 주제를 이야기해야 할 때도 마찬가지다.[13]

만약 로버트가 새나와 사회적으로 관계를 만들어가야 한다면 적당한 방법을 예측해야만 한다. 로버트와 같은 사람들은 당황하기 쉽다. 왜냐하면 사회적 관계를 쉽게 만들어 가는 외향적인 사람이기 때문이다. 외향적인 사람일수록 내향적인 사람보다 다문화적 관계에서 방향을 잃기가 쉽다. 왜냐하면 그들은 쉽고 자연스럽게 관계 맺는데 익숙해져 있기 때문이다. 몇 분간이라도 다른 문화의 사람과 최선의 사회적 관계를 만들어가는 방법을 생각해 보는 것이 CQ-전략 향상은 물론이고 그 이상의 의미를 만들어 갈 수 있다.

6. 너무 높은 기대감은 버려라

좋은 것이나 나쁜 것, 또는 그게 무엇이든 기대감은 CQ-전략에서 관리되어야 하는 중요한 부분이다. 기대감을 관리하는 가장 좋은 방법은 그것에 주의를 기울이는 것이다. 앞으로 다가올 타 문화 경험에 대한 기대감에 한번 집중해 보자. 어떤 일이 일어날 것 같은가? 어떤 것을 배우고 싶은가? 기대와 두려움은 각각 무엇인가? 타 문화 사람들에 대해 가진 선입견은 무엇인가? 어떤 판단들을 유보해야 하는가? 한번 써 보자. 그리고 그것들에 대해 다른 사람들과 이야기해 보자.

너무 높은 기대감은 가능하면 피하는 것이 좋다. 두뇌와 리더십에 관해 광범위한 저술을 펼친 데이비드 록(David Rock)은 이렇게 말했다.

"훌륭한 리더들은 예상한 결과를 얻지 못하는 상황을 피하기 위해 기대감을 잘 관리한다."[14]

이는 일종의 균형감에 대한 기술이다. 기대는 당신의 뇌가 사물을 인지하는 방식을 바꾼다. 록은 실현 가능한 예상 또는 기대의 중요성을 언급했다. 그리고 그것들을 조금 낮게 책정해 둘 필요가 있다고 했다. 그로 인해 당신이 이득을 볼 수 있게 말이다. 또한 긍정적인 기대들이 이루어지지 않았다면 상황을 한번 재구성해서 바라보자. 예상했던 것보다 오히려 더 나은 결과로 보일 수도 있기 때문이다.

만약 여러분이 해외에 나가게 된다면 그 기대감은 어떠할까? 비즈니스 여행이라면 처음 만나는 고객과 어디까지 실현 가능한 결과로 기대해야 할까? 외국어 연수 프로그램에 참가한다면 또 어떨까? 스페인어를 배우기 위해 현지로 어학연수를 간다면 어느 정도의 기대감이 적당할까? 기대감을 조금 낮추어 보면 어떨까? 가령 현지에서 영어를 사용하지 않고 스페인어만 쓰면서 쇼핑할 수 있다면 어떨까 하는 식으로.

이 전략은 다문화적 만남의 상황에서도 활용될 수 있다. 자신과 문화적 배경이 다른 선생님의 수업에 참여해야 할 때 어떤 현실적 기대감이 당신에게 이익이 될 수 있다고 보는가? 서로 문화가 다른 직장 동료를 만나야 한다면 어떤 문화적 차이들이 예상되는가? 당신이 어떻게 예상하는지에 따라 실제 일어나는 것들에 영향을 미칠 수 있다. 미래의 상황을 정확하게 예측할 수 있는 능력은 다가올 현실에 영향을 미치는 강력한 요소이다.

미국의 사회학자 로버트 머튼(Robert Merton)은 미국 군대에서 신병들이 갖는 기대감이 군대 문화에 적응하는 데 영향을 미친다는 사실을 연구했다. 군대 문화의 규율과 가치를 정확히 예상하면 할수록 그 적응이 보다 쉽고 성공적이었다.[15] 마찬가지로 글로벌 전문가들이 다문화적 상황에 대해 정확한 예측과 그에 맞는 변화를 수용한다면 보다 성공적으로 적응할 수 있을 것이다.[16]

다른 문화권에서 일해야 한다거나 인종적으로든 종교적으로든 다른 문화적 배경의 사람과 결혼하려 한다면 문화적 차이로 인해 일어날 수 있는 일에 대해 충분히 시간을 갖고 생각해 보는 것이 좋다.

7. 체크리스트를 만들어라

체크리스트를 작성해 보라는 것이 다소 진부하게 들릴지는 모르지만 CQ-전략을 향상하는 데 매우 좋은 방법이다. 우리는 매우 복잡한 세계에 살고 있으며, 다문화적 환경은 이를 더욱 가중시키고 있다. 하버드 의과대학 교수이자 외과의사인 아툴 가완드(Atul Gawande) 박사는 이 복잡한 일상의 문제들을 처리할 수 있는 놀랍도록 간단한 방법은 바로 체크리스트라고 제안했다.[17] 육군 장교, 비행기 조종사, 요리사, 외과의사들은 일하면서 체크리스트의 가치를 실감한다고 한다. 다문화적 만남 역시도 미리 체크리스트를 작성해보는 것이 CQ-선략 향상에 노움이 된다.

가완드 박사는 숙련된 전문직 종사자들조차 복잡한 상황들과 그로 인한 압박으로 시달리고 있다고 한다. 그래서 혹시 발생할 수 있는 치명적 실수를 막기 위해서는 체크리스트의 작성이 필요하다. 그는 요리, 비행, 건설, 투자 영역 등의 다양한 사례를 조사했다. 특히 자신의 전공 분야인 의학 분야를 예로 들면, 손 씻기와 같은 간단한 지시사항에 대한 체크리스트가 병원에서 발생할 수 있는 감염이나 합병증 등을 현저히 감소시킨다는 것을 알게 되었다. 이것은 다문화적 업무 상황에서도 마찬가지로 적용될 수 있다.

다른 문화권 사람들과 함께 일해야 한다면 어떻겠는가? 체크리스트를 작성해 계획을 점검해 보는 시간이 필요하다. 문화 간 차이로 뒤섞일 수 있는 여러 상황을 체크리스트를 통해 정리해 보고 계속 점검하는 것이 중요하다. 백만 달러 상당의 일을 성사시킬 기회를 가졌다고 한번 상상해 보자. 정신을 바짝 차리고 있어야 하지 않겠는가! 보다 객관적으로 차분히 작성된 체크리스트에 따라 일을 빈틈없이 진행해 보라. 비즈니스의 성공을 위해 매우 훌륭한 역할을 해낼 것이다. 체크리스트는 비단 비즈니스만이 아니라 다른 일들, 가령 여행 갈 준비를 위해서도 필요하다. 약을 챙기고, 필터로 걸러진 물을 찾고, 공항에서부터 이어지는 교통편을 알아두는 것 등 말이다.

다른 나라로 여행을 간다고 상상해 보자. 어떤 것을 체크리스트에 미리 적어 두어야 할까?

- 처음으로 전화해야 하는 사람이 있다면 누구인가?
- 24시간 도움을 받을 수 있는 곳은 어디인가?
- 필요한 정보를 어디에서 얻을 수 있는가?
- 가장 가까운 대사관 전화번호는 무엇인가?

CQ-전략은 간단한 체크리스트를 통해서도 나아질 수 있다. 이 작업을 꾸준히 반복한다면 상호문화 전략에서 눈에 띄는 성과를 볼 수 있을 것이다.

8. 상황을 재구성해 보라

다른 문화적 환경에서 겪게 되는 일들은 대부분 내 통제권 밖에 있지만 어떤 일이 일어나고 있는가에 대한 이해와 해석은 전적으로 자신에게 달려 있다. 재구성(reframing) 혹은 재검토(reappraisal) 작업은 평가에 대한 변화를 의미한다. 우리의 뇌는 항상 이 작업을 하고 있다. 만약 '탕!'하는 큰소리를 들었다면 총소리라고 생각할 수 있다. 당신은 아마 당황하며 긴장을 하게 될 것이다. 그러나 그 소리가 가까운 행사장에서 들린 폭죽 소리라는 것을 알게 되면 다시 안정을 찾을 것이다. 뇌는 두려움에서 흥겨움으로 즉각적인 반대 감정의 변화를 보인다.

배우자나 아이를 잃은 것과 같은 비극적 상실에서 한 개인이 어떻게 계속 살아갈 수 있는지 궁금할 때가 있다. 사람들의 대처 능력 중 하나가 바로 상황의 재구성이다. 성공적인 회복은 삶과 미래를 재구성할 수 있을 때 생긴다. 연구 결과에 의하면 하반신이 마비된 환자 중 많은 수가 6개월이 지나서야 다시 행복이라는 감정을 되찾을 수 있다고 한다. 그 이유는 뇌가 환경의 변화에 대해 조정을 하기 때문이다.[18]

다른 문화적 상황 안에서 당신의 뇌가 유연성을 유지하도록 훈련하는 하나의 방법은 환경에 대한 이해와 해석을 재구성하는 것이다. 재구성의 시작에 대한 한 가지 예는 어떤 감정이나 반응에 대해 이름을 붙여 보는 것이다. 예를 들어 호텔로 가는 정확한 방향을 잃어버렸다고 한다면 이러한 상황에 대해 간단히 이름을 붙여 보자. 물론 이름 붙이기에 강박관념을 가져서는 안 된다. 잘못하면 그것 때문에 더 화가 날 수도 있기 때문이다. 단지 잠깐 몇 단어 혹은 하나의 문장으로 상황을 정리해 보자는 의미이다. 에너지를 당황스러움이 아닌 문제를 해결하려는 방향으로 집중시키려는 것이다.

재구성할 수 있다는 것은 다문화적 환경에서 화가 났을 때 매우 도움이 된다. 내 감정이 상했다. 그런데 상대는 그렇지 않다. 나는 상대의 어떤 행동을 비난하게 된다. 특별히 잘못한 것도 없는데 말이다. 이런 갈등을 문화적 차이로 설명할 수 있을지도 모른다고 여기며 감정을 멈추어 보라. 분노의 감정이 당신을 격하게 하여 상황에 대한 집중을 방해하도록 내버려 두지 말고 상황을 또 다른 가정하에 재구성해 보라.

효과적인 재구성을 위해서는 다른 사람들의 도움도 필요하다. 자신이

5장 문화지능 전략

처한 상황을 동료들에게 해석해보도록 도움을 요청해 보는 건 어떨까? 특히 감정이 최고조에 다다랐다면 이 상황을 재구성해 보는 데 도움이 되는 동료들이 절실히 필요하다. 이야기해 보고, 써 보기도 하고, 상황에 대한 이름 붙이기도 해 보라. 그리고 난 후 다음 행동을 옮겨 보라.

뇌 연구자들에 의하면 스트레스가 반드시 나쁜 것만은 아니라고 한다. 스트레스를 어떻게 다루는가 하는 점이 관건이라는 것이다. 상황을 재구성해 스트레스를 적절히 이용하는 법을 배운다면 CQ-전략은 향상될 것이다. 스스로의 화를 자극하는 것들을 미리 인식해 보자. 그리고 그것들이 나를 자극하기 전에 미리 줄여보는 것은 어떨까?[19]

9. 계획의 정확성을 점검하라

지금까지 살펴본 CQ-전략 향상을 위한 도구들은 무엇이 일어나고 있는지를 인지하고 이해하는 것, 그리고 그에 근거해 최선의 계획을 만들어 가는 것이었다. 하지만 이와 더불어 추가해야 할 중요한 도구는 사후에 다시 점검하여 자신이 세웠던 가정과 계획들이 적당했는지를 파악하는 것이다. 우리는 관찰하고 해석하고 계획 세운 것들이 정확했는지를 점검하는 방법을 찾아야 한다.[20]

최근에 바야니(Bayani)라는 이름의 필리핀 회사 간부를 만날 일이 있었다. 그는 자신의 회사를 위한 문화지능 트레이닝에 관심이 있었다. 바야니는 아시아와 중동에 걸쳐 사업을 펼치고 있는 필리핀 회사의 대표였다. 이전에는 이메일로만 몇 번 연락을 주고받은 사이였다. 각자 홍콩에 갈 일이 있었는데 마침 기회가 생겨 저녁에 레스토랑에서 만났다. 바야니는 이미 회사를 위해 내게 무엇을 원하는지 전달했다. 하지만 우리는 비용과 계약에 관한 구체적인 내용을 전혀 나누지 않은 상태였다. 필리핀 문화는 관계와 시간을 통해 서로 간에 신뢰를 구축하는 것을 우선시하는 경향이 있기 때문에 나는 첫 번째 미팅에서 비용에 대한 문제를 언급하고 싶지 않았다.

솔직히 말해 나는 완전히 확신할 수는 없었다. 언제 어떻게 그 이야기를 꺼내야 할지를 말이다. 왜냐하면 나중에 이메일을 통해 그 내용을 전달하는 것 역시 문화적으로 좋아 보이지 않았기 때문이다. 하지만 나의 계획은 우선 서로 만나서 더 잘 알고, 그의 회사에 대해서도 자세한 설명을 듣고, 함께 어떤 방식으로 일해 볼 수 있을지 이야기를 나눈 후 비로소 계약에 관한 문제를 논의하려고 계획했다. 그런데 음식을 주문한 후에 그는 바로 비용이 얼마인지 직접적으로 물어왔다. 나는 레스토랑의 음식값을 묻는지 알고 내가 내겠다고 답했다. 그는 그게 아니라면서 회사를 트레이닝하는 비용으로 지불해야 하는 비용을 말한다고 했다. 나는 미팅 자리에서 논의할 내용에 대한 계획을 급히 수정했지만 비용에 대해서 직접적으로 답변하지는 않았다. 그가 내가 미국인임을 고려해 미국식으로 직접적인 협상을 하려는 것인지 아니면 그의 원래 방식이 그런지 우선 알아보려고 노력했다. 나는 비용 문제를 논의하기 전에 우선 좀 더 그의 회사에 대해 아는 것이 좋을 것 같다고 답변을 했다. 바야니는 그럴 생각이 없어 보였다. 그는 내게 비용이 얼마인지 알기를 원한다고 재차 질문했다. 미팅에 대한 나의 가정이 모두 빗나갔음을 깨닫고 비용 문제를 대답하자 비로소 그는 다음 논의를 이어갔다. 늘 위험이 따른다. 이제 앞으로 다른 필리핀 사람과 대화할 때 어떤 식으로 대화가 오갈 것이라는 가정을 쉽게 할 수 없게 되었다. 하지만 계획했던 것과 다른 방향으로 서로의 대화가 오가게 된다면 그에 맞추어 급히 선회하여 대화를 이어가야 한다는 것은 분명하다.

여러분은 전략들이 어떻게 서로 연결되어 작동하는지 볼 수 있을 것이다. 보이지 않는 단서들에 집중하고, 상대방이 나를 어떻게 대하는지 파악하고, 내 문화적 이해를 바탕으로 발전시킨 계획을 다시 적응시키는 것이 필요하다. 물론 나는 그 순간 모든 것들을 동원해 계속 생각하기를 멈추지 않았다. 아마 다르게 반응할 수도 있었겠지만 그 상황에 빠르게 적응하기 위해 최선을 다했다. 그러나 단서를 찾아내지 못하고, 적절히 계획을 적용하지 못해 당황했던 적도 많다.

이런 방식의 상호 소통은 계속 반복될 수밖에 없는 힘든 작업이지만 노력해 볼 가치는 분명히 있다. 자신이 세운 계획이 잘 작동하는지 테스트해 보라. 관찰한 것을 지역 전문가의 설명(CQ-지식)과 연결지어 생각해 보라. 동일 문화에 속하더라도 서로 다른 상황과 사람들을 계속 주시해 보자. 자신이 만들어가고 있는 해석들이 맞을 때도 있고 때로 틀릴 때도 있을 것이다. 최선의 길은 이 해석들을 가지고 함께 토론할 수 있는 누군가를 찾는 것이다. 우리가 4장에서 다루었듯이 CQ 코치가 필요하다. 이상적인 코치는 자신이 속한 문화와 현재 자신이 관찰하고 있는 문화 둘 모두에 정통한 사람이다. 또한 자신이 상호 소통한 바로 그 사람과 개인적으로 정확성을 테스트해 보는 것 역시 매우 좋은 방법이다. 자신이 생각하고 있는 것이 맞는지 한번 물어보자. 이런 경우 좀 더 간접적인 질문 방식을 사용하는 것이 좋다. 그밖에 정확성을 테스트하는 여러 방법을 찾아보자.

자신이 관찰하고 있는 타 문화의 상황들에 대한 가설을 세울 때 이 전략을 연습해 볼 수 있다. 그리고 그 가설을 다시 검증해 보아야 한다. 실제로 어떤 일이 일어나고 있는지 주시하고 그 문화에 속하거나 관련된 사람들과 이야기해 보는 것도 좋은 검증 방법이다.

10. 더 나은 질문을 하라

질문은 CQ-전략의 향상을 위해 중요하다. 관찰한 것을 질문하고 가정한 것을 질문하고 그 외의 것들에 대해서도 끊임없이 질문하자. 답을 찾아보고 배운 것을 다시 확인해 보자. 성숙한 질문은 CQ-전략의 향상을 위해 매우 중요하다.

이를 위해 스스로에게 계속해서 "왜?"라고 질문하자. 어린아이가 계속해서 부모에게 질문하는 것처럼 말이다.

"왜, 왜, 왜?"

이 방법은 다른 문화권에서 무슨 일이 벌어지고 있는지를 관찰하면서 단순히 표면적으로 이해하는 것이 아니라 보다 깊게 통찰하는 데 매우 효과적이다. 문화적 차이로 인해 어떤 일들이 혼란스럽다면 스스로에게 '왜일까?'라고 질문해 보자. 보거나 겪은 것 이면에 감춰진 것들을 찾아내기 위해 더 깊게 파헤쳐 보자.[21]

로버트가 이 전략을 사용했더라면 어떻게 달라졌을지 한번 생각해 보자. 로버트는 새나를 고용하는 것이 그의 고객들에게는 하나의 도전일 수 있다고 생각했다.

왜? 그들이 그녀와 같은 사람들 옆에선 불편함을 느낄 것이기 때문이다.

왜? 무슬림과 아랍에 대한 편견들이 있기 때문이다.

왜? 9·11테러를 비롯해 무슬림에 대해 미디어에서 다루는 것들과 이와 관련된 걱정 때문이다.

여러분은 '왜?'라는 질문에 대한 대답 중 상당수가 정확하지 않다는 것을 알게 될 것이다. 그래서 우리는 앞에서 제시했던 '계획의 정확성을 점검하라'라는 전략과 더불어 질문해야만 한다. 질문해 보라는 전략에는 상황의 근본 원인을 찾아내기 위해 계속 추적해 들어가는 작업의 중요성이 깔려 있다. 다문화적 상황을 관찰하며 왜, 왜, 왜라는 질문을 통해 스스로에게 계속해서 의문을 가져 보자.

당신이 미팅 자리에 있거나 다른 이들의 논쟁을 목격하게 된다면 이 방법을 연습해 보자. 아니면 프레젠테이션을 듣거나 뉴스를 볼 때도 연습해 볼 수 있다. 그러나 다른 사람에게 왜냐고 질문할 때는 늘 주의해야 한다. 상대방을 방어적이고 수동적으로 만들 수 있기 때문이다. 그래서 질문할 때는 좀 더 간접적인 방법으로 시작하는 것이 좋다. 예를 들어, "좀 더 설명해 줄 수 있나요?"라든가 아니면 "무엇에 관련된 일이라고 생각하나요?"처럼 말이다.

당신이 여행 중이라면 다른 질문들도 CQ-전략 향상은 물론 더 깊은 이해를 위해 유용하게 사용될 수 있다. 예를 들어 아래 몇몇 질문들은 친구와 함께 얘기해 보거나, 아니면 홀로 일지를 쓸 때 도움이 될 수 있다:

- 여기서 가장 많이 들을 수 있는 소리는 무엇인가? 냄새는 어떤 종류인가?
- 가장 많이 보이는 것들은 무엇인가?
- 여기서 볼 수 없는 것은 무엇인가?
- 젊은이들은 어떻게 보이는가? 나이 든 분들은?

유용하고 적절한 질문은 높은 수준의 사고를 이끌어 낼 수 있다. CQ-전

략 향상을 위해 어떤 질문을 해야 하는지 또 어떻게 질문해야 하는지 배워
보자.

실제 상황으로 돌아와서

로버트와 새나는 둘 다 인터뷰에서 벌어진 상황에 대해 인식하려 했으
며 자신들의 행동도 의식하고 있었다. 즉 서로의 관계와 소통 방식, 그리
고 미팅 중에 떠올랐던 생각들을 되새겨 보고 있었다. 이것은 그들의 CQ-
전략 능력이 가지는 강점을 보여 준다.

다만 그들은 상황을 해석하는 것에 대한 속도를 줄일 필요가 있었다. 새
나는 로버트가 양복을 입은 것과 인터뷰를 늦게 시작한 것으로 너무나 빨
리 판단을 끝냈다. 세부적인 것들에 주목할 필요는 있지만 성급한 판단은
위험하다. 새나는 보다 조심스러운 가정을 세울 수 있었다. 양복을 입음으
로써 힘을 과시하려 한다는 가정 대신에 편한 복장이 허용된 금요일이라
도 개인적이거나 문화적인 선호로 양복을 입을 수도 있다고 말이다. 아니
면 인터뷰를 온 사람을 위한 예우이거나 다음 스케줄인 중동팀과의 비즈
니스를 위해 필요한 복장일 수도 있었다. 또는 로버트가 편한 복장이 허용
된 금요일이라는 사실을 깜빡 잊어버렸을 수도 있다. 새나의 성급한 판단
은 우리에게도 적용될 수 있는 문제이다. 어떤 상황을 판단하는 속도를
의도적으로 줄이지 않는다면 말이다.

로버트가 자신과 새나의 차이를 눈감아 준 것에 대해서는 칭찬할 만하
다. 그러나 길게 보면 문제가 될 수 있는 대목이다. 새나를 동료이자 한 사

람으로 보는 것은 좋은 출발점이었다. 그러나 그녀의 다른 점들이 업무를 위해 큰 도움이 될 수 있다고 볼 수 있었다면 어땠을까? 같은 시각을 가진 사람을 고용한다면 어떤 장점이 있을까? 갈등은 덜할 것이다. 하지만 업무에 대한 보다 넓은 시야의 접근 능력은 약화시킬 수 있다.

이탈리아 친구가 했던 말이다.

"미국인들은 친구이기 때문에 언쟁하거나 다투어서는 안 된다고 생각한다. 하지만 이탈리아인들은 친구이기 때문에 심한 언쟁과 다툼도 할 수 있다고 생각한다."

물론 이것도 하나의 고정관념일 수 있다. 그러나 여기서 중요한 점은 우리 중 상당수가-국적에 상관없이- 분열을 초래할까봐 서로 간의 차이점에 대해 말하려 하지 않는다는 것이다. 차이는 강한 힘이 될 수 있다. 차이는 단지 관용에 대한 어떤 것이 아니다. 계속해서 발견되어야 할 영향력 있는 어떤 것이다.

CQ-전략 향상시키기

많은 사람들이 타 문화의 지식에 대해 어느 정도 수준을 유지하고 있는 것 같다. 그러나 그 지식을 적극적으로 활용하여 높은 수준의 다문화적 상황 인지 및 효과적인 관계를 형성하려는 전략적 노력은 부족해 보인다.

CQ-전략을 향상하기 위해 가장 먼저 해 보고 싶은 두 가지를 아래 리스트에서 선택해 보자.

① 일단 멈추고 주시하라. ② 넓게 생각하라. ③ 깊이 집중하라. ④ 일지를 써라.	인지하기
⑤ 소통의 기술을 익혀라. ⑥ 너무 높은 기대감은 버려라. ⑦ 체크리스트를 만들어라.	계획하기
⑧ 상황을 재구성해 보라. ⑨ 계획의 정확성을 점검하라. ⑩ 더 나은 질문을 하라.	점검하기

무엇을, 언제부터 시작해 볼까?

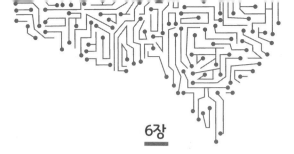

6장
문화지능 행동
: CQ-행동

다문화적 상황에서의 효과적인 행동을 위한 전략은 어떤 것은 해도 되고 어떤 것은 안 된다는 식의 단순한 수준을 넘어선다. 문화지능은 결국 우리가 어떻게 행동하는가에 따라 최종적으로 드러나기 때문이다. **CQ-행동은 묻는다**: 다문화적 상황에 직면하여 우리는 어떻게 행동해야 하는가? 이것은 동기, 지식, 전략을 거쳐 실제 문화 간 소통과 업무에 직결된 행동에 대한 문제이다.

- **CQ-행동**: 문화적으로 다양한 상황에서 어느 정도까지 적절히 행동할 수 있는가? 여기에는 언어적 행위와 비언어적 행위의 유연성이 모두 해당하며 다른 문화적 규범에 대한 적응력도 포함한다.

- **핵심 질문:** 다문화적 상황에 적응하기 위해 어떻게 행동해야 하는가?

문화지능 CQ가 필요한 실제 상황

로버트는 새나를 고용하기로 했다. 인사과에서는 그가 직접 그녀에게 전화로 통보할지 물어보았다. 그렇게 하겠다고 대답했다. 로버트는 워싱턴 D.C.에서 회사를 대표해 독점금지 회담에 참여하고 있었는데 히잡을 쓴 여성들이 눈에 많이 띄었다. D.C.를 여러 번 방문했지만 지금처럼 히잡을 쓴 여성들이 눈에 많이 들어오는 건 처음이었다. 실제 그렇게 많은 인구가 사는 것인지, 아니면 중동 지역과 관련해 지난 2주간 여러 미팅을 가져서인지 자꾸만 너 눈에 띄었나.

로버트는 중동에서 온 손님들에게 그가 품고 있던 의문인 뇌물과 부패에 대해 단도직입적으로 물어보았다. 진심으로 대답하는 것 같지는 않았지만 중동의 회사들에 대해 믿음을 가져도 좋다고 말했다. 로버트를 만나기 위해 중동에서 온 세 명의 이사들은 회사 설립자의 아들들이었다. 그들은 "당신은 가족이 소유하고 있는 회사와 비즈니스를 하고 있는 것입니다. 그래서 걱정하고 있는 부분에 대해서는 염려할 필요가 없습니다."라고 말했다. 로버트는 사람의 마음을 잘 읽는다. 이번에는 느낌이 좋았고 계속 진행해도 될 것 같다는 생각이 들었다. 그런데 협상의 다음 단계로 넘어가려 할 때 그들이 말했다.

"시간이 조금 더 필요합니다. 우선 당신이 우리와 함께 시간을 보냈으면 합니다."

로버트는 사실 중동까지 갈 시간이 없었다. 그러나 일을 엉망으로 만들고 싶지 않았다. 이메일이나 화상회의로 다룰 수 없는 어떤 것이 이 여행에 들어 있을까?

로버트는 D.C.에 있는 호텔에서 몇 분간의 여유가 생겨 새나에게 전화를 걸어 합격을 통보했다. 함께 일할 수 있게 되어 기쁘다고 말하며 그녀에게 돌아갈 급여 및 그 밖의 여러 이점 등을 들어 자기 회사에서 일하는 것의 장점들을 설명했다. 그러나 서투르게도 대화 도중 다음과 같은 말을 덧붙였다. "당신이 다양한 사람들을 상대하며 나를 도울 수 있을 것이라는 사실이 또 하나의 이점입니다."라고.

로버트는 5분 넘게 혼자 말을 이어갔다. 새나는 단 한마디도 하지 않았다. 그녀는 심지어 이해하거나 동의한다는 식의 어떤 소리도 내지 않았다 (uh-huh나 okay 같은). 이 때문에 로버트는 더 장황하게 설명을 늘어놓았다. 왜냐하면 자기가 하는 말을 잘 이해하고 있는지 확신이 서지 않았기 때문이다. 마침내 그가 물었다.

"그래서 당신은 어떻게 생각합니까? 다음 주부터 일을 시작할 수 있나요?"

긴 정적 후에 새나가 대답했다.

"제안해주셔서 감사합니다. 이번 주말에 내 남편과 당신 가족들이 함께 만나 저녁 식사를 하면 어떨까요?"

로버트가 말했다.

"좋을 것 같습니다. 하지만 이번 주말 말고 다음에 하면 어떨까요? 스케줄이 너무 꽉 차 있어요. 몇 주 후면 크리스마스인데 그때 함께 저녁 파티를 하면 어떨까요?"

다시 긴 정적이 흐른 후 새나가 물었다.

"크리스마스 파티가 꼭 필요하나요?"

로버트는 불편한 마음을 공손함과 웃음으로 감추며 말했다.

"꼭 필요한 것은 아닙니다. 하지만 당신은 우리 가족이 함께 만나기를 원하는 사람 중 한 사람입니다. 어쨌든 회사에서 일하는 것을 어떻게 생각하십니까?"

새나가 대답했다.

"시간이 조금 필요합니다. 우리가 저녁을 먹으면서 함께 의논한다면 정말 좋겠네요. 남편과 상의한 후 연락드릴게요. 그리고 한 가지 더 질문이 있습니다. 금요일마다 모스크에 예배를 보러 가야 하는데 그때 못한 업무를 다른 날이나 일요일에 할 수는 없나요?"

평가는 오직 CQ-행동에 의해 결정된다

CQ-행동은 다문화적 상황과 업무에서 실제로 적응해 내는 정도를 나타낸다. 이것은 당신의 능력이 평가되는 시험장과도 같다. 당신은 다문화적 상황에서 효과적이면서도 존중받을 수 있는 방식으로 행동할 수 있을까? CQ-행동은 우리가 만나는 사람들을 그대로 흉내 내라는 것이 아니다. 어떤 행동이 필요한지 아닌지를 배우는 것이다. 문화지능을 구성하고 있는 네 개 영역이 모두 중요하지만 상대방의 평가는 오직 CQ-행동에 의해 결정된다고 볼 수 있다.

로버트와 새나 사이에는 문화 차이로 인한 서로 다른 행동들이 있었다. 전화통화에서도 여실히 드러났다. 로버트의 유머와 일을 분명히 하려는 태도, 새나의 질문과 요구 내용이다. CQ-행동을 이해하는 것은 이러한 상황을 분석하는 데 도움이 된다. 중동 사람에 대한 로버트의 접근방식과 상대의 대응 역시 마찬가지다.

다시 CQ-행동은 묻는다: 다문화적 상황에 적응하기 위해 어떻게 행동해야 하는가? 이것은 매우 기본적인 서로 간의 에티켓으로 상황에 적절하게 대응하는 행동접근법이다. 에티켓은 우리가 특별히 잘못된 매너를 가지지 않는 한 보통은 문제가 되지 않는다. 그러다가 갑작스러운 작은 실수들이 눈에 띄어 문제가 되기도 한다. CQ-행동은 우리가 표현하고 있는 모든 태도의 문제로 언어적 행위와 비언어적 행위 모두를 포함한다.

높은 CQ-행동 능력을 갖춘 사람은 문화지능의 다른 세 가지 측면을 실제 상황에서 최대한 효과적으로 발휘한다. 다양한 상황에 따라 유용하게 쓸 수 있는 넓은 행동의 레퍼토리를 가지고 있다. 그들은 언제 적용하고 언제 하지 말아야 하는지를 알고 있으므로 오래 생각하지 않고도 적절하게 행동을 조절할 수 있다. 하지만 문화지능이 매우 높은 사람이라 하더라도 새롭게 적응하고 행동해야 하는 다문화적 상황은 계속해서 부딪힐 수밖에 없다.

CQ-행동의 세 가지 영역

보다 깊은 이해를 위해 CQ-행동을 비언어적 행위, 언어적 행위, 의사표현의 태도로 나눌 수 있다. 광범위한 연구를 통해 만들어진 문화 간 상호 이해와 통찰을 주는 방법이다.[1]

• 비언어적 행위

다문화적 상황에서 비언어적 행위를 얼마나 적절히 적응시킬 수 있는가의 정도이다(예: 제스처, 표정). 점수가 높다는 것은 비언어적 행위를 자연스럽게 잘 적응시킨다는 의미이다. 반면 낮은 점수는 비언어적 행위의 사용이 부담감과 긴장감으로 잘 되지 않는 것을 말한다.

• 언어적 행위

다문화적 상황에서 언어적 행위를 얼마나 유연하게 변화시킬 수 있는가의 정도이다(예: 악센트, 톤, 발음, 물론 언어 자체도 포함). 높은 점수는 다문화적 상황에서 요청되는 언어를 자연스럽게 바꾸어 사용할 수 있음을 의미하고 낮은 점수는 그렇지 못함을 뜻한다.

• 의사 표현의 태도

다문화적 상황에서 목적을 효과적으로 이루기 위해 커뮤니케이션 방식을 변화시키는 것에 대한 정도이다(예: 상대를 비판하는 방식, 감사를 표현하는 방식 등). 높은 점수는 다문화적 상황에서 목적한 바를 효과적으로 이루기 위해 표현하는 방식이 다양하다는 말이다. 낮은 점수는 다문화적 상황에 개의치 않고 커뮤니케이션의 전반적인 방식에 변화가 없음을 말한다.

위에서 살펴본 세 가지 CQ-행동의 세부 내용은 이어서 살펴보게 될 구체적 전략들과 긴밀하게 연결되어 있다. 이것은 다문화적 상황에 대처하기 위한 상호문화 전략의 과학적 연구에 기반을 두고 만들어졌다. CQ-행동의 세 가지 차원에 대한 여러 사례를 활용해 보자.

CQ-행동 높이기

다음 내용은 CQ-행동을 향상하는 데 도움이 되는 전략 리스트이다. 다문화적 상황에 대응하기 위해 제시되고 있는 것으로서 과학적 연구 기반에 근거한다. 모든 전략을 지금 당장 다 사용할 필요는 없다. CQ-행동을 향상하기 위한 많은 방법이 있으므로 가장 흥미를 끄는 것부터 시작해 보자.

① 행동의 레퍼토리를 개발하라. ② 배우가 되어 보라. ③ 금기는 금기시하라.	비언어적 행위
④ 기초적인 어휘를 익혀라. ⑤ 새로운 발음을 시도해 보라. ⑥ 속도를 늦추어라.	언어적 행위
⑦ 도움이 필요하다면 겸손해져라. ⑧ 다문화 조직에 참여해 보라.	의사 표현의 태도

1. 행동의 레퍼토리를 개발하라

우리는 다른 문화에 대해 그것이 가지는 관습과 금기 등 모든 것을 알아야 하는 것은 아니다. 또 그럴 수도 없다. 하지만 다양한 사회적 기술(social skill)의 레퍼토리를 발전시키고, 이들을 언제 어디서 사용해야 하는지 알기 위해 CQ-지식과 CQ-전략으로부터 배운 통찰들을 꺼내보는 것은 매우 가치 있는 일이다.

한 문화 안에서 예상되는 기본적 매너들과 비언어적 행동 양식들을 찾

ACTION

아보자. 어떻게 서로 인사를 하고, 더 높은 지위나 위치에 있는 사람에게 어떻게 대하고, 다른 성별끼리는 어떻게 행동해야 하는가? 손과 발은 어떻게 사용해야 하고, 음식을 먹을 때 어떻게 먹어야 하는가? 사회적 에티켓은 문화적 차이로 인해 매우 주의 깊게 다루어져야 한다. 이것들을 완벽하게 하려고 너무 걱정할 필요는 없지만 비언어적 행위들이 문화마다 어떻게 다른지 당신의 레퍼토리에 추가할 필요는 있다.

이 전략은 다양한 사회생활을 위한 언어적 행위와 의사 표현의 태도를 위해서도 유용하게 사용될 수 있다. 예를 들어 우리는 다양한 문화 안에서 통용될 수 있는 몇 가지 질문 리스트를 만들어 놓을 수 있나. 아프리카, 아시아, 남미 문화에서는 가족이나 출신지 등에 대한 질문들이 매우 유용할 수 있다. 당신 자신의 가족과 배경에 대해 이야기하는 법을 익혀라. 또한 최근의 정치적 혹은 종교적 이슈들에 대한 견해를 물어보는 것도 효과적일 수 있다. 물론 대다수 중국인과 미국인들은 이러한 이슈에 대해 낯선 사람과 이야기 나누는 것을 매우 불편해할 수도 있다.

CQ-지식을 늘리는 방법에서 배운 것 가운데 글로벌 지식이 여기서 매우 유용하다. 상대방의 나라에서 현재 무슨 일이 벌어지고 있고 어떤 이슈가 회자되고 있는지를 미리 알고 만나는 것은 상대에 대한 이해와 존중을 보여주는 구체적 행동이기 때문이다. 크리켓이나 축구 경기에서 이긴 어느 지역을 방문한다면 그 주제를 꺼내 보는 것은 어떨까? 그 경기를 이해하는 것처럼 보일 필요는 없다. 다른 사람의 문화에 관심을 갖고 있다는 것을 보여 주는 방법으로 경기의 규칙 등을 물어보는 것도 좋다. 지금 만나고 있는 상대에게 큰 이슈가 되었을 국가의 선거가 있었다면 이것도 좋은 소재가 될 수 있다. 경제적 이슈도 마찬가지이다. 상대방의 국가나 지

　　　　　　　　　　　　6장 문화지능 행동

역에서 최근에 일어난 사건이나 이슈에 대한 인식과 이해는 문화 간 차이를 가진 사람을 만났을 때의 사회적 관계를 위해 매우 효과적인 방법이다. 이 모든 것들이 사회적 기술을 위한 레퍼토리를 확장시킬 수 있다. 손으로 밥을 먹고, 고개 숙여 인사를 하고, 표정의 변화 없이 말을 해 보자. 이러한 비언어적 행위와 사회적 기술의 확장은 특정한 문화적 상황에 따라 당신의 행동을 적응시킬 수 있는 능력을 길러줄 것이다.

2. 배우가 되어 보라

다른 사람의 행동을 따라 해 보는 것은 어떨까. 배우들은 늘 그러한 노력을 한다. 가령 의사라는 배역을 맡았다면 병원에서 시간을 보내면서 그곳 사람들의 태도, 성향, 관심 등을 유심히 관찰하는 것이다. 역할을 맡은 인물에 대해 좋은 연기를 보여주기 위해서이다. 대부분의 연기 수업은 연극 대사나 목소리 그 자체에만 초점을 맞추지 않는다. 훌륭한 배우는 상상의 세계에 산다. 배역의 몰입을 위해 생각, 감정, 태도, 환경 등에 빠져든다. CQ-행동은 이러한 연기 세계로부터 중요한 것을 배울 수 있다.

연기 학교에서는 종종 억양이나 사투리 등을 흉내 낼 수 있도록 도와준다. 우리가 상대하는 사람의 문화지능 정도에 따라 그들과 다른 발음을 가졌다는 이유로 불공평한 대우를 받게 되는 경우도 있을 것이다. 특정 그룹의 사람들이 사용하는 발음을 잘 들어보고 그것을 흉내 낼 수 있는지 한번 연습해 보자.

좋은 배우는 연기하려는 인물에 깊이 몰입한다. 이와 마찬가지로 자신이 직접 다양한 문화의 개인들이 되어본다면, 그들처럼 행동할 수 있는 능력이 향상될 것이다. 우선 다른 문화 사람의 입장이 되어 생각해 보라. 만

ACTION

약 인도나 스위스에서 태어나 자랐다면 세상을 얼마나 다르게 바라볼지 한번 생각해 보자. 부모님과의 관계는 어떻게 변화되었을까? 교육 경험과 종교적 관점은 또 어떠할까? 이처럼 우리가 다른 지역 출신이라면 보일 수 있는 행동 중 일부를 한번 따라 해 보면 어떨까? 하지만 여기서 조심할 게 있다. 주의하지 않는다면 단지 원숭이처럼 흉내만 내고 있는 것처럼 보일 수 있다는 점이다. 실제로 다른 문화를 접할 때 타 문화의 모든 행동양식을 그대로 모방하는 것이 가장 좋은 방법은 아니다. CQ-행동을 향상하는 중요한 것 가운데 하나는 언제 상대처럼 행동하고 언제 그러지 말아야 하는지를 아는 유연성이다. 이러한 이해는 문화지능 전반의 향상과 더불어 성장한다.

연기(acting) 전략은 실전에 앞서 무대 뒤에서의 CQ-행동 향상을 위한 준비와 연습을 중요하게 생각한다. 무대 뒤에서, 마치 중국에서 온 전형적인 비즈니스맨처럼 협상하는 방법을 성실하게 연습해 보라. 자신이 아는 누군가의 목소리와 스타일도 모방해 보라.

작고한 사회학자 어빙 고프먼(Erving Goffman)에 따르면 연기는 '우리가 날마다 하는 것'이라고 한다. 우리는 청중에 따라 복장과 역할과 행동을 바꿔가면서 타인 앞에서 온종일 연기를 한다는 것이다. 그는 우리가 일상의 삶에서 연기를 통해 가능한 좋은 인상을 남기려고 끊임없이 노력한다고 했다. 공연 전체를 망칠 수 있는 잘못된 것들을 최대한 피하고자 노력하면서 말이다.[2]

다른 문화의 행동 방식을 따라 해 보는 것은 상호관계의 능력을 향상하는 데 도움을 준다. 어떤 사람들은 단서를 포착해 빨리 모방하기도 하지만 그렇게 하는 데 시간이 오래 걸리는 사람들도 있다. 내가 딸들과 함께 여행하며 얻는 즐거움 중의 하나는 딸들이 현지인들의 언어나 사투리를 따라 해 보기 위해 열심히 듣는 것이다. 들은 소리를 따라 하고 있는 그들의 흉내를 보는 것은 재미있다. 딸들은 나보다 현지인들의 행동 방식을 더 잘 표현한다. 공손하고 사려 깊게 따라 해 본다면 CQ-행동 향상을 위한 즐거운 방법이 될 수 있다.

새나와 하니가 그들의 문화적 배경 전부를 버린다고 하는 것은 말이 안 된다. 하지만 그들의 사회적 수준에 부합하는 미국 중서부 커플의 전형적인 행동 방식을 모방해 보는 데 시간을 들인다면 분명히 이득을 얻을 것이다. 이것은 앞으로 인디애나폴리스에서 계속 만나야 하는 사람들을 이해하는 데 도움이 된다.

많은 배우가 실제로 그와 같은 경험들을 거의 해 보지 않고서도 무대나 영화에서 설득력 있는 연기를 한다. 전문 배우들은 우리의 행동 적응을 위한 노력에 도움이 되는 이상적인 모델이다. 우리의 CQ-행동을 향상하는 데 말이다.

3. 금기는 금기시하라

자주 접하는 타 문화 안에서 금기시되는 것들이 있다면 당신도 그것을 금기시하라. 물론 외국인이 어느 문화에서 금기시하는 행위를 했을 경우 고의적이지 않은 실수로 받아들여 용서해 줄지도 모른다. 하지만 자주 만나는 사람들의 기본적인 문화 금기들은 노력해서라도 하지 말아야 한다.

피해야 할 색깔이나 인사할 때의 적절한 방법 등에 대해 알려 주는 여러 책의 조언은 도움이 된다. 그러나 이런 것들이 너무 많을 경우 부담이 될 수 있다. 특정 문화 안에서 일한다면 시간을 가지고 그 문화에 맞는 중요한 팁들을 공부하라. 다양한 문화들을 계속해서 접해야 하는 경우라면 정기적으로 자주 만나게 되는 문화에서 가장 금기시하는 것이 무엇인지 찾아보아야 한다. 그리고 피해야 할 다른 금기 사항들에 대해서도 항상 주의를 기울여야 한다.

예를 들어 왼손으로 상대에게 물건을 건네는 행위는 세계 많은 나라에서 피해야 할 상식이 된지 오래다. 다른 성별과 오랫동안 시선을 마주치는 행위도 그것이 괜찮은지 확신하지 못한다면 가급적 피해야 한다. 지위나 직급에 대해서도 주의를 기울여야 한다. 더 높은 지위의 사람이 언어적이든 비언어직이든 상황을 이끌어 나가도록 해야 하는 문화가 있다.

크리스마스 파티에 대한 로버트의 언급은 새나를 포함해 다른 종교적 배경을 가진 사람들에게는 일종의 공격적 성향으로 비추어질 수 있다. 처음 만났을 때 새나의 손을 잡고 악수한 행위 역시 많은 무슬림 여성에게는 금기사항이다. 로버트가 모든 것을 알 수는 없다. 그러나 문화적으로 다양한 배경의 사람들을 만나야 하는 위치에서 상대방의 문화에 대한 기본적인 지식을 공부하고 행동 전략을 준비한다면 보다 훌륭한 리더가 될 수 있다.

베스트셀러인 『세계 60개국 비즈니스 사전(Kiss, Bow, or Shake Hands)』은 당신의 서재에 꽂아 둘 가치가 충분한 책이다.[3] 60개 이상 국가의 비즈니스와 사회적 상호관계를 위한 외교 의례를 빨리 찾아볼 수 있다. 우리는 자주 다문화적 만남의 상황에 놓일 수 있다. 그것도 예상하지 못한 당황스러운 상황이나 급히 책을 펴서 도움을 받을 수 없는 상황에서 말이다. 할 수 있는 한 최선을 다해 보라. 그리고 난 후 스스로 훈련하고 행동 강령 레퍼토리를 구축해라. 금기를 피할 수 있도록 말이다. 여기 대부분 어디서나 통용되는 몇몇 금기들이 있으니 참조해 보자.

- 종교적 상징물에 대한 촬영이나 접촉을 허락 없이 하지 마라.

- 상대에게 물건을 건넬 때 왼손을 사용하지 마라.

- 타인의 머리를 만지지 마라.

- 발을 책상이나 가구와 같은 물건 위에 올려놓지 마라.

- 상대의 수입이 얼마인지 물어보지 마라.

- 가벼운 욕이라도 하지 마라. 자신의 문화에서는 악의가 없더라도 다른 곳에서는 불쾌감을 줄 수 있다.

- 성별이 다른 사람과는 절대 손 등으로 신체적 접촉을 하지 마라.

- 농담을 삼가라. 당신 문화 내의 유머가 다른 문화에서는 이해되지 않는 경우가 많다.

- 인종 비하적인 발언이나 농담을 하지 마라.

- 상대가 정치, 종교, 성별에 대해 당신과 동일한 견해나 의견을 갖고 있다고 단정하지 마라.

위의 리스트 내용은 장소마다 다를 수 있다. 예를 들어 어떤 문화에서는 나이나 개인의 수입에 대해 이야기하는 것이 매우 자연스러운 주제이나 다른 곳에서는 금기시되는 내용이다. 금기에 대해서는 다른 사람들이 하지 않으면 당신도 하지 않는 것이 좋다. 집에서 위의 금기시 되는 행동들을 피하는 연습을 미리 해 볼 수 있다. 가령 양손을 모두 사용해도 전혀 문제가 되지 않는 문화에서 살고 있다면 한 주 동안 다른 사람이나 물건을 만질 때 왼손을 사용하지 말자. 위의 리스트 중 하나를 택해 연습 삼아 한 주 동안 집에서 실행해 보자.

4. 기초적인 어휘를 익혀라

언어는 네 개의 문화지능 능력 모두에 관여되는 전략이지만 특히 CQ-지식(언어를 공부하라)과 CQ-행동(언어를 사용하라)에 밀접하게 관련되어 있다. 가장 효과적인 상호 소통 방법은 상대방의 언어를 유창하게 구사하는 것이다. 그러나 우리가 부딪히는 모든 문화의 언어를 할 줄 안다는 것은 현실적으로 불가능하다.

우리가 자주 접하는 타 문화의 언어를 구사할 수 없다면 적어도 일상에서 자주 사용하는 기초적인 표현과 바디 랭귀지 정도는 익혀서 사용하는 것이 좋다. 얼마 안 되는 단어나 문장이라도 일상에선 매우 유용할 수 있다. 간단하지만 중요한 기본 단어와 문장을 나열해 보면 다음과 같다.

- Please
- Thank you
- Sorry
- Yes
- No
- Good
- Not good
- Hello
- Goodbye
- Come here
- Go there
- Toilet

ACTION

- Doesn't work(손가락으로 가리키며 말하면 더 효과적이다)

- How much & Too much(이 두 가지는 특히 쇼핑할 때 유용하다)

- 당신이 좋아하는 음료(물, 맥주, 콜라)

- 보편적인 먹거리(밥, 생선, 고기, 국수)

- 숙소에 관한 용어(침대, 방, 호텔)

완전한 문장으로 말하는 것보다 단어나 구로 말하면 훨씬 수월하며 또 전달 내용을 한마디로 간단히 표현할 수 있다. 예를 들어, 'Doesn't work'는 여러 상황을 커버한다. 호텔 방에서 빈 화장지걸이를 가리키며 "Doesn't work."라고 말하면 원하는 것을 간단히 전달할 수 있다. 기차에서 안내원에게 티켓을 보여주며 "Doesn't work."라고 말하면 안내원은 자리를 찾아줄 것이다. 세탁실에서 빠진 버튼을 가리키며 "Doesn't work."라고 말하면 누군가 당신을 도와줄 것이다.[4]

나는 여행을 할 때 그 기간이 얼마가 되든 상관없이 위 단어와 구들을 배워 익힌다. 외우지 못한 것들은 종이에 적어 넣고 다닌다. 언어를 배운다는 것은 다른 문화를 이해하는 또 하나의 열쇠이다.

5. 새로운 발음을 시도해 보라

언어 말고도 우리가 고려해야 하는 다른 언어적 행위들이 있다. 우리는 커뮤니케이션의 일부로서 다양한 발성을 사용한다. 아마 스스로 인지하지 못할 때도 있을 것이다. 예를 들어, 대화 도중에 많은 이들이 혀 차는 소리를 내거나 숨을 들이마시면서 'hmm', 'uh-huh'와 같이 대화의 공백을 채우는 소리를 사용한다. 아니면 'right', 'got it', 'sure, sure' 또는 'can'과 같은 단어의 간단한 반복도 사용한다. 이것 중 자신이 가장 자주 사용하는 하나를 골라 대화 도중에 소리 내는 것을 하지 말아 보자. 혹은 잘 안 쓰는 것 하나를 골라 사용해 보자.

또 다른 언어적 행위로는 음량이 있다. 여러 의미를 표현할 때 음량은 어떻게 달라지는가? 많은 문화에서 크게 소리 내는 것은 힘과 권위를 의미하고 작은 소리는 확신이 부족하다는 것을 의미한다고 한다. 물론 어떤 문화에서는 정반대이기도 하다. 이 전략은 말할 때 내는 음량의 차이를 활용해 편안함을 유도하는 것이다. 개인끼리 대화를 하거나 아니면 대중강연을 할 때 어떤 일이 일어나는지 한번 유심히 관찰해 보자. 로버트와 같은 많은 아프리카계 미국 남성들은 회사 내에서 대화할 때 '화난 흑인 남자(angry black man)'와 같은 위협적 이미지를 없애기 위해 부드러운 톤으로 이야기하는 법을 배운다.

같은 언어라도 지역이나 국가에 따라 실제 발성이 다를 수 있다. 영어를 예로 들어 보면 같은 단어라도 발음되는 소리가 다르다. 호주, 캐나다, 영국, 미국에서 사용되는 영어는 모두 다르게 들린다. 또한 한 나라 안에서도 미국과 영국처럼 지역에 따라 사투리로 인해 소리가 다르게 들리는 경우가 많다. 자음 발음을 예로 들어 보면, 미국에서는 'r'을 매우 강하게 발음하는 데 비해 영국에서는 부드럽게 발음한다. 'park'이란 단어가 있다. 또 뉴욕에서 하는 발음과 싱가포르에서 하는 발음을 한번 생각해 보라. 당연히 차이가 있다. 다른 문화 사람들과 관계를 맺을 때 선택의 폭을 넓힐 수 있는 여러 언어적 행위를 사용하도록 노력해 보자.

새나와 하니는 미국에서 성장했지만 부모의 중동 문화로부터 영향을 받고 자랐다. 새나의 남편인 하니가 로버트와의 만남을 통해 신뢰를 느낀

6장 문화지능 행동

ACTION

다는 것은 아랍계 미국인 문화에서는 중요하다. 로버트와 새나의 전화 통화는 서로 불편하고 곤란한 상황이었다. 유선으로는 문화적 차이의 가시적 단서들이 직접 보이지 않기 때문에 더 그렇다. 나를 포함한 많은 미국인들은 상대가 대화에 보조를 맞추고 있다는 언어적 행위(가령 'uh-huh')가 없을 때 어색함을 느낀다. 하지만 많은 문화의 사람들은 그와 같은 언어적 행위를 무례하거나 산만하다고 여긴다. 다시 한 번 말하지만, 문화 간 상호 소통에 유용하게 쓸 수 있는 사회적 기술의 폭넓은 레퍼토리를 가질 수 있다는 것은 매우 중요한 기술임이 틀림없다.

6. 속도를 늦추어라

나는 두 개의 속도를 가지고 있다: 하나는 '빠르게'이고 다른 하나는 '더 빠르게'이다. 그래서 이 전략이 나에게는 쉽지 않다. 하지만 내 경험으로도 CQ-행동의 향상을 위해 속도를 늦추는 것은 매우 중요하다. 속도를 늦추어 그 리듬을 유지한다면 통찰은 깊어질 뿐만 아니라 다른 문화 안에서 더 효과적으로 대처할 수 있게 된다. 행동함에 있어 효과적인 적응은 속도를 늦추었을 때 더 잘 이루어진다.

이것은 특히 말하는 속도와 연관이 있다. 좀 더 천천히, 그리고 신중하게 말하는 연습을 한다면 문화 간 소통에 많은 도움이 될 것이다. 다른 문화의 사람들과 대화할 때 반드시 큰소리로 천천히 말해야 한다는 의미가 아니다. 상대의 언어가 당신과 다른 사투리이거나 외국어일 때 말하는 속도를 줄일 필요가 있다는 것이다. 때로는 천천히 말하기가 쉽지 않다. 특히 연단 위에서 열정이 담긴 주제를 발표할 때에는 더욱 그렇다. 하지만 CQ-행동을 향상하기 위해 속도를 늦추는 방법은 그리 어렵지 않으면서도 유용하다. 그 순간의 효과만을 높이는 것이 아니라 문화지능 전반에 걸친 강화에 도움이 된다.

우리는 모두 속도 강박 시대에 살고 있다. 빠르게 일을 처리하고, 급히 식사를 마치고, 한 번에 여러 가지 일들을 처리해야 하는 속도 말이다. 이 것들이 우리 삶의 능률을 높이는 방법처럼 보일지 모른다. 그러나 확실한 건 우리 삶의 행복을 위한 방법은 아니라는 것이다. 속도를 조절하는 법을 배우지 못한다면, 그래서 매일의 일상과 경험들(심지어 출퇴근길이나 점심 식사와 같은)을 음미하지 못한다면, 당신의 여가, 발견, 기쁨 같은 일상의 순간들을 빼앗기게 된다. 매일 정신없이 바쁘게 돌아가는 그 속도의 반복이 문화 간 만남을 방해하고 있다.

7. 도움이 필요하다면 겸손해져라

프랑스에서 직장을 다니고 있는 미국인 수잔나는 파리에서 쇼핑할 때 도움을 청하는 방식의 중요성을 깨달았다. 수잔나의 프랑스어는 유창하다. 하지만 이 사실이 의사소통하는 데 있어서 느끼는 장애를 줄여 주지는 않는다. 과거에 그녀가 프랑스에 잠시 머물렀을 때에는 프랑스인들이 미국인을 좋아하지 않는다는 생각을 극복하기 힘들었다. 그녀가 상점주인에게 "립스틱은 어디에 있나요?"와 같이 뭔가를 물어볼 때마다 그들의 반응은 퉁명스러웠기 때문이다. 하루는 프랑스 친구가 제안하기를 상점에 들어가 어떤 요청을 할 때 말하는 방식을 바꾸어 보라고 했다. "문제가 좀 있는데 도와주실 수 있나요?"라고 묻고 상대가 "네."라고 대답하면, 그때 립스틱 찾는 것을 도와달라고 요청해보라는 것이다. 수잔나는 그렇게 해 보았고, 믿을 수 없을 만큼 태도가 변한 프랑스인들의 모습을 경험했다.

이제 그녀는 이런 식으로 도움이 필요한 경우에 무언가를 당연히 요청하는 사람의 자세가 아니라 자신을 낮추는 태도로 겸손하게 상대방을 대한다. 그녀는 이와 같은 변화를 동료나 부하 직원에게도 그대로 적용해 보았다. 그리고 이러한 작은 태도의 변화가 그녀가 원하는 것을 훨씬 수월하게 얻을 수 있도록 도와주었다.

여행을 하고 있다면 그 나라의 언어로 다음과 같이 말하는 법을 배워 보라.

"죄송합니다. 저는 당신의 언어를 모릅니다. 혹시 영어를 하실 수 있나요?"

당신이 어떤 도움을 상대에게 당연하듯이 요구하는 자세가 아니라 보다 겸손한 자세가 필요하기 때문이다. 다음 표현을 한번 들어 보자.

"여기 누구 영어 할 줄 아는 사람 있나요?"

어떻게 들리는가? 여러분이 태국에 있다고 가정한다면 왜 그들이 영어를 해야 한다고 생각하는가? 당신은 그 나라의 손님일 뿐이다. 무시하고 놓칠 수 있는 이런 사소한 노력으로 인해 당신은 필요한 도움을 쉽게 얻을 수도 있고 아닐 수도 있다. 여기에 당신이 시작할 수 있는 몇 가지 예들이 있다. 온라인에 접속하면 어떻게 발음하는지도 들을 수 있다. (http://www.forvo.com/languages)

아라비아어(Arabic)
Ana aasaf. La atakellem al'arabiyya. Hel tatakellem alingleeziyya?

광둥어(Cantonese)
Um-ho-yee-see. Ngo-umsick-gong-gwong-dung-wa.
Nay sick-um-sick gong yingmun.

네덜란드어(Dutch)

Ik betreur. Ik maak je geen woord Nederlands. Denkt u maar Engles spreken?

독일어(German)

Es tut mir leid. Ich sprechen kein Deutsch. Sprechen Sie Englisch?

프랑스어(French)

Je, suis dédolé. Je ne parle pas de français. Parlez-vous l'anglais?

힌디어(Hindi)

Maaf Karein. Main Hindi nahin jaanta. Kya aap Angrezi jaante hain?

이탈리아어(Italian)

Mi dispiace. Io non parlo italiano. Lei parla inglese?

일본어(Japanese)

Gomen nasai. Nihongo shaberaremasen. Ego shaberaremasuka?

만다린어(Mandarin)

Dui bu qi. Wo bu hui shuo Pu Tong Hua. Ni hui shuo Ying yu ma?

포르투갈어(Portuguese)

Sinto muito, mas não falo Português. Você fala Inglês

스페인어(Spanish)

Perdón. No bablo español. ¿Habla Usted inglês?

"당신은 영어를 하실 수 있나요?"라고 불쑥 말을 하는 것보다 "죄송한데, 제가 당신의 언어를 못합니다. 혹시 영어를 하실 수 있나요?"라고 말을 시작하는 것이 훨씬 낫다. 언어 구사에 있어 기본적인 것들의 간단한 변화를 통해 여러분은 더 많은 것들을 쉽고 기분 좋게 얻을 수 있다. 립스틱을 사는 것에서부터 사업 계획의 착수에 이르기까지 말이다.[5]

8. 다문화 조직에 참여해 보라

각 장을 통해 제시되었던 여러 전략들은 다른 관점을 지닌 사람들과 공유한다면 더 효과적으로 수행할 수 있다. 주위의 사람들이 당신이 생각지도 못하는 것들을 새로운 관점으로 도와줄 수 있기 때문이다. 즉 다른 사람들의 시각을 통해 당신은 상황을 다르게 볼 수 있는 눈을 가질 수 있다. 예를 들어 혼자만의 힘으로 상황을 재구성해 본다는 것(CQ-전략)은 매우 어렵다. 하지만 다양한 문화권의 동료들로부터 도움을 받는다면 더 쉽게 풀어갈 수 있다. 문화적으로 다양한 구성원이 있다면 공동의 협력과 노력이 보다 나은 결과를 만들어 낼 수 있다.

다양한 문화에서 온 사람들과 함께 일한다면 의사 표현하는 태도에서 나타나는 많은 차이를 관찰할 수 있다. 사과한다든지, 감사 표현을 한다든지, 직접적이거나 간접적인 요청을 할 때 어떻게 하는지, "아니요."라는 거절을 어떻게 하는지, "계산서 좀 주세요."라는 말에 어떻게 대응을 하는지 등. 우리는 다문화 조직에서 직접적인 경험을 통해 많은 배움을 얻을 수 있다. 여러 문화의 사람들과 함께 일하면서 직접적인 경험을 할 방법을 찾아보아라. 다문화 팀에서 갈등, 요청, 사과, 칭찬하는 방법 등이 각각 어떻게 다른지 주목해 보자. 그리고 서로의 신뢰가 쌓인 후 이런 차이들에 대해 논의해 보자. "누군가 레스토랑에서 내가 계산하도록 허락하지 않는다면 무엇이 최선의 대응법인가?"라고 질문도 하면서 말이다. 이러한 행동들은 우리가 다양한 문화적 맥락에 잘 적응할 수 있도록 도와줄 것이다.

다양한 문화적 배경의 사람들로 이루어진 그룹이나 팀에서 일할 수 있는 경험을 가져 보자. 이런 다문화 팀은 CQ-행동을 향상하는 데 매우 좋은 기회를 제공해 줄 것이다. 같은 상황이지만 서로 다른 견해와 행동들을 지켜볼 수 있는 자리가 될 것이다.[6]

그러나 대부분의 성인들은 자신과 비슷한 사람을 선호하기 때문에 이 전략이 무척 어려울 수 있다. 우리는 보통 비슷한 취미, 신념, 관심을 가진 사람들을 찾고 싶어 한다. 하지만 그렇게 하는 동안 많은 것들을 놓쳐버릴 수밖에 없다. 자신과는 다르게 세계를 보고 있는 사람과 관계를 맺어 봄으로써 CQ-행동 능력을 향상하는 것은 물론 보다 심오한 세계로 들어가 보면 어떨까?

실제 상황으로 돌아와서

로버트와 새나가 조금만 더 자신들의 행동에 노력을 기울였다면 의사소통이 보다 명확해지고 서로 불편함을 덜 느꼈을 것이다. 다문화 간 관계에서 이것은 사실 쉽지 않다. 특히 유선상의 통화로는 더 어렵다. 의사소통에 도움이 되는 비언어적 단서들을 직접 볼 수 없기 때문이다. 로버트가 새나에게 사무실의 다양성 증가에 대해 언급한 것은 단지 농담으로 그리 심각한 것이 아니라고 받아들일 수 있겠지만, 유머는 문화 간 차이로 인해 이해하기 쉽지 않은 경우가 많고 전화상으로는 더더욱 그렇다.

대화할 때는 늘 적절한 균형을 고려해야 한다. 왜냐하면 로버트가 새나에게 그녀의 다른 문화적 배경을 언급하면서까지 지나치게 배려하려 했기 때문이다. 어쩌면 새나에게는 매우 모욕적일 수도 있다.

새나는 모든 발성('uh-huh', 'sure', 'yeah')을 사용할 필요는 없다. 그것이 불편하다면 말이다. 하지만 새나는 많은 미국인들이 상대방의 말을 이해하고 있다는 것을 보여주기 위해 이것을 사용하고 있다는 것을 알 필요가 있다. 로버트와의 대화에서도 마찬가지로 적용해 볼 수 있었다.

다문화적 업무가 많아지고 있는 상황에서 로버트는 회사에서 크리스마스 파티를 언급하는 것에 대해 좀 더 세심한 주의를 기울일 필요가 있다. 하지만 새나 역시 그가 의도적으로 크리스마스 파티를 언급해 다른 종교의 신념을 거부하려는 것이 아니었다는 사실을 이해할 수 있어야 했다. 우리는 어떤 표현과 행동을 하기에 앞서 나와 다를 수 있는 타인의 입장과 관점에 대해 배려하고 그것을 고려할 필요가 있다.

로버트가 중동에서 온 경영자들에게 단도직입적인 방식의 질문을 했던 것은 매우 위험했다. 중동의 부정부패에 대해 걱정해야 하느냐는 직접적인 질문은 삼가야 했기 때문이다. 지금 당장은 그것이 협상에 해가 될 것 같지는 않아 보인다. 하지만 시간이 지나면서 상대방에게 수치심을 자극한 질문은 서로 간의 신뢰를 줄어들게 하는 한 요인으로 작용할 수도 있다. 행동에 앞서 조금만 더 조심스러운 노력을 해 나간다면 보다 효과적인 소통을 가능하게 하고 서로 존중하는 모습을 보여줄 수 있을 것이다.

CQ-행동 향상시키기

문화적 실수는 누구나 할 수 있다. 그리고 대다수 사람들은 다른 문화를 제대로 몰라서 범하는 실수에 대해서는 너그러운 편이다. 그렇지만 상대의 문화를 이해하고 소통하려는 노력을 계속한다면 다문화적 상황에서 우리는 보다 더 성공하게 될 것이다.

CQ-행동을 향상하기 위해 가장 먼저 해 보고 싶은 두 가지를 아래 리스트에서 선택해 보자.

① 행동의 레퍼토리를 개발하라. ② 배우가 되어 보라. ③ 금기는 금기시하라.	비언어적 행위
④ 기초적인 어휘를 익혀라. ⑤ 새로운 발음을 시도해 보라. ⑥ 속도를 늦추어라	언어적 행위
⑦ 도움이 필요하다면 겸손해져라. ⑧ 다문화 조직에 참여해 보라.	의사 표현의 태도

무엇을, 언제부터 시작해 볼까?

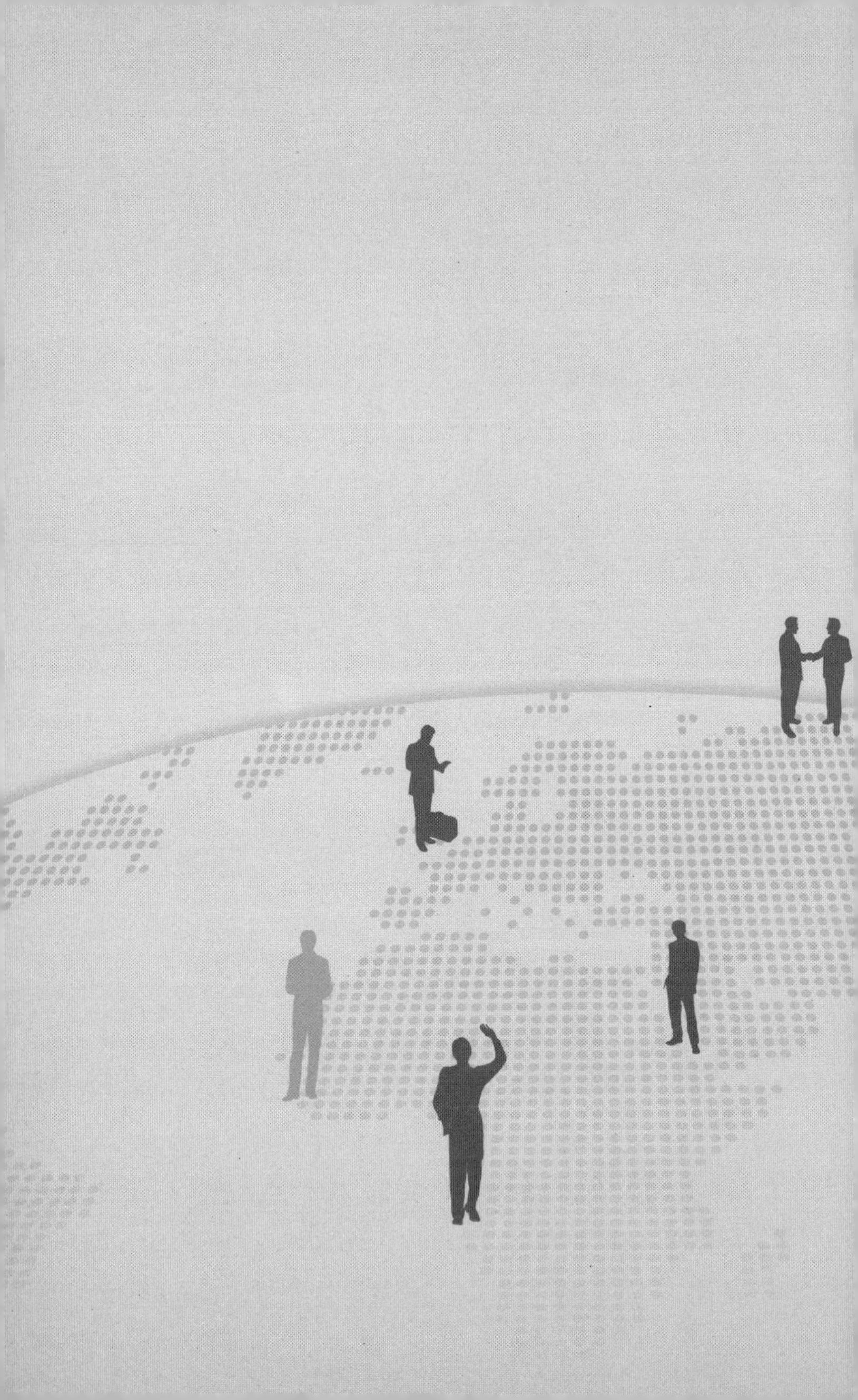

PART III

결론

지금까지 문화지능의 네 가지 능력을 향상하기 위한 매우 구체적인 방법들을 살펴보았다. 하지만 문화지능에 대한 보다 큰 그림으로 결론을 맺으려 한다. 무엇보다 문화지능 접근법에서 중요한 몇 가지 핵심적인 강점들에 초점을 맞추고자 한다. 우선 운송회사, 여행사, 대학, 캐나다 군대 등 많은 조직들이 어떻게 이러한 강점들을 이용하는지 보게 될 것이다. 이는 여러분의 문화지능 향상을 위해 참조 가능하며 도움을 줄 수 있는 구체적인 사례들로서 훌륭한 역할을 할 것이다.

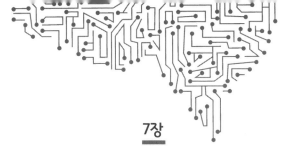

7장
문화지능의 힘

나는 영원한 낙관론자다. 나는 누구나 변할 수 있다고 믿는다. 또 세계는 더 나은 곳으로 바뀔 수 있다는 막연한 생각에 이끌려왔다. 이것은 눈 먼 이상주의가 아니다. 나는 이러한 변화를 계속해서 목격해 왔다. 서로 다르다는 사실을 반드시 나쁘게만 받아들일 필요도 없고 사람들이 모두 똑같이 취급될 필요도 없다는 사실을 깨달아가면서 말이다.

다른 누구보다 나 자신에게서 이러한 변화를 보았다. 세계에 대한 근시안적 시각을 가졌던 나는 다양성을 존중하는 태도로 변화했다. 변화에 있어서 어떤 것들은 매우 느리고 고통스럽기도 하지만 반대로 빠르고 쉬운 것들도 있다. 문화지능에 대한 연구에서 입증된 것은 누구나 문화지능을 높일 수 있다는 것이다. 하지만 문화지능을 높이려는 의지와 노력이 있어야 한다. 여러분의 높은 문화지능은 더 나은 세상을 만드는 데 일조할 것이다.

회의론자들은 의심의 눈초리를 보낸다. 우리는 지금껏 갈등 속에서 살아왔기 때문이다. 자민족중심주의나 인종주의적 태도는 역사를 통해 드러난 인류의 악습이었다. 하지만 인간애에 대한 노력 역시 역사와 함께 끊임없이 이어져 왔다. 문화지능은 사람은 누구나 변화할 수 있다는 깊은 믿음에서 출발하고 있다. 당신, 나, 그리고 우리 모두.

문화지능의 힘은 변화를 촉진하는 능력일 것이다. 문화지능이 보여주고 있는 강점들에 대해 좀 더 자세히 살펴보자.

문화지능의 강점: 통합

문화지능 연구에서 발견한 중요한 내용 중 하나는 네 개의 능력 모두가 다 중요하다는 것이다. 이 중 하나만 빠져도 불안정하다. 이제까지 자신의 가장 낮은 능력에 더 집중하라고 독려했지만 사실 네 개의 능력 모두를 항상 생각해야 한다. 하나의 능력에 지나치게 집중하다 보면 문화지능의 전반적인 향상이 어렵기 때문이다. 네 개의 능력 모두는 서로 유기적인 관계를 맺고 있다.

문화적 차이에 대한 깊은 이해를 가진다(CQ-지식)는 것이 그 지식을 효과적인 계획으로 발전시켜 적용할 수 있다(CQ-전략)는 것은 아니다. 다른 문화에서의 업무에 대해 큰 자신감을 가지고 있다(CQ-동기)는 것이 문화에 대한 이해가 깊다(CQ-지식)는 것은 아니다. 지나친 확신이 오히려 당신을 돕기보다 문제를 야기할 수 있다.

여기에 관한 구체적인 사례를 한번 살펴보자. 비즈니스 여행을 하는 여성이 있다. 그녀의 높은 CQ-동기와 CQ-행동은 여러 나라를 여행했던 경험으로 쌓인 것이다. 관광을 하고, 현지 음식을 먹어 보고, 다양한 곳을 둘러보며 만들어 온 자신만의 경험에서 말이다. 하지만 높은 CQ-지식이나 CQ-전략이 없다면 그녀는 자신의 소중한 경험을 온전히 자기 것으로 만들기가 어려울 것이다. 왜냐하면 다문화적 상황에서 그녀에게 길잡이를 해 줄 수 있는 경험들을 지식으로 바꿀 수 있는 관찰 기술과 통찰력이 부족할 수 있기 때문이다. 마찬가지로 높은 CQ-지식과 CQ-전략을 지닌 사람이 CQ-동기가 부족하다면 배움을 통한 문화적 통찰은 가질 수 있지만 문화 간 교류와 업무에 활용할 수 있는 경험과 배움을 지속시키고자 하는 동기가 부족할 수 있다.[11]

희망적인 연구 결과는 네 개의 능력이 서로 연관되어 있기 때문에 어느 하나에 집중하게 되면 동시에 다른 능력들도 향상될 수 있다는 것이다. 예를 들어 CQ-지식을 통해 문화적 차이에 대한 많은 이해를 가졌다면 문화에 대한 배움을 통해 좀 더 자신감을 가질 수 있게 되어 CQ-동기를 향상하게 할 수 있다. CQ-전략의 한 부분인 계획하기를 위해서도 도움이 된다. 그리고 CQ-행동을 통해 얻게 된 다양한 레퍼토리는 여러분에게 더 많은 선택 가능성을 열어 줄 것이다. 다양한 사람들과 어떻게 관계 맺을지를 말이다. 그리고 이러한 다문화적 상황을 다각적인 방법으로 이끌어 나갈 수 있다는 것은 CQ-동기를 높이는 데 이바지할 수밖에 없다. 이 네 가지 능력이 서로 다르지만 유기적으로 통합되어 있다는 사실은 문화지능에서 매우 중요한 내용이다.

문화지능의 강점: 발전

문화지능의 다른 강점은 발전적 속성이다. 문화지능은 고정되어 변하지 않는 능력이 아니다. 문화지능은 계속해서 변화하고 발전한다는 전제에 기초하고 있다. 또한 네 개의 능력은 반드시 어떤 정해진 순서나 단계로 진행되며 발전하는 것이 아니다. 네 개로 제시된 능력들이 서로 영향을 주고받으며 전체적인 문화지능 향상을 이끌어 가는 것이다. 한 가지 사례로 제시된 아래의 문화지능 발달을 참조해 보자.

문화지능 능력 발달 단계

Step 1 : CQ-동기는 문화적 이해와 계획에 필요한 것을 추구하려는 에너지와 자기 확신을 준다.

Step 2 : CQ-지식은 기본적인 문화의 단서들에 대한 이해를 제공한다.

Step 3: CQ-전략은 문화 이해를 바탕으로 다양한 상황에서 무엇이 일어나고 있는지에 대한 인지와 그에 맞는 계획을 세울 수 있게 해 준다.

Step 4 : CQ-행동은 다문화적 상황에서 효과적이고 유연한 리더십을 갖출 수 있는 능력을 제공한다.

다문화적 만남에 대한 경험은 다음 만남을 위한 문화지능 사이클을 준비하게 한다. 그리고 그 순환적 사이클은 계속되는 만남을 통해 반복된다. 어느 문화권의 누구와 만나든 상관없다. 우리의 경험(CQ-행동)은 상호 소통을 위한 동기(CQ-동기)부터 다시 영향을 미친다.

네 개의 사이클은 문화지능의 전반적인 발전에서 유기적으로 작동한다. 이 사이클을 통해 문화 간 만남을 준비할 때마다 계속해서 반복적으로 학습할 수 있다. 예를 들어 로버트와 인터뷰를 해야 하는 새나가 이 반복적인 학습을 통한 가상 연습을 미리 해 보았다고 가정해 보자.

새나의 인터뷰 가상 연습

Step 1 : CQ-동기

인디애나폴리스의 문화, 지역의 기업 문화, 직장 상사의 문화까지 고려해 효과적으로 적응해야 하는 나의 동기는 무엇인가?(직장을 얻기 위해!)

Step 2 : CQ-지식

이 문화에 대해 무엇을 알아야 하는가?(예를 들어, 아프리카계 미국인이 가질 수 있는 문화적 배경은 무엇인가? 이곳에서 우세한 종교 문화는 무엇이며 어떠한가?)

Step 3 : CQ-전략

계획은 무엇인가?(예를 들어, 무엇을 질문해야 하는가? 내가 무슬림이라서 가질 수 있는 그들의 선입견을 어떻게 바꿀 수 있는가?)

Step 4: CQ-행동

실제 상황에 잘 적응할 수 있는가?(로버트와 악수해야 하는가? 얼마나 미국에 살았냐는 질문에 어떻게 대답해야 하는가?)

회사 역시 네 단계로 이루어진 문화지능의 과정을 회사 차원의 계획을 수립하는 데 활용할 수 있다. 로버트의 회사는 중동 회사와의 협상을 준비하는 과정에서 문화지능을 활용해 볼 수 있을 것이다.

중동 회사와의 협상 준비 과정

Step 1 : CQ-동기

중동 문화를 이해하려는 동기는 무엇인가?

Step 2 : CQ-지식

결정을 내리기 전에 어떠한 문화적 이해를 하고 있어야 하는가?

Step 3 : CQ-전략

문화적 차이를 고려한 협상 계획은 무엇인가?

Step 4 : CQ-행동

회사의 중요한 핵심 가치를 지키면서 어떻게 적응할 수 있는가?

네 단계의 문화지능 발전 과정은 필자의 또 다른 저서인『글로벌 경영과 CQ 리더십(Leading with Cultural Intelligence)』에서도 다루고 있다. 누구도 절대 완벽한 문화지능에 도달할 수는 없다. 이는 끝없는 여행과도 같다. 하지만 우리가 다양한 시나리오를 끊임없이 준비해 네 단계를 자유자재로 넘나들며 일할 수 있다면 어떤 새로운 문화적 상황에서도 보다 수월하게 적응할 것이다.

문화지능의 강점: 긍정적 긴장감

다른 문화의 사람들과 업무를 하다 보면 늘 모순과 역설에 부딪히기 마련이다. 그래서 긴장을 늦추지 않는 자세는 효과적인 문화 간 적응을 위해 절대적으로 필요하다.

당신 자신이 되라 ⇔ 로컬 문화에 맞추어라

당신의 브랜드를 유지하라 ⇔ 로컬의 취향에 적응하라

부패와 싸워라 ⇔ 문화적 규범들을 존중하라

팀을 단결시켜라 ⇔ 다양성을 포용하라

우리 모두는 똑같다 ⇔ 우리 모두는 다르다

문화지능 모델은 신상 속에서 보순을 들여다보며 신장에 의해 만들어질 수 있는 통찰과 기회를 모색한다. 긴장은 사실 우리가 원하는 것은 아니지만 그렇다고 꼭 나쁜 것만은 아니다. 좋아하는 영화 한 편을 떠올려보자. 거기에는 필연적으로 다양한 인물들로 인한 갈등과 그것을 해결해야 하는 이야기가 담겨 있다. 긴장은 이야기를 보다 흥미롭게 만드는 데 이바지한다. 물론 이야기와는 다르지만 다문화적 상황에서도 긴장은 자주 발생한다. 문화적 관점이 다른 사람들이 서로 얽혀 있기 때문이다. 이것은 서로 간의 관계와 업무 일체를 무너뜨릴 수도 있고 반대로 발전시킬 수도 있다. 문화지능은 혁신을 위한 창조적 힘으로서 긴장의 강점을 받아들인다.

세계화로 인한 다문화적 양상은 점점 더 복잡해지고 있다. 그래서 긴장을 유지할 수 있는 능력이 절대적으로 중요하다. 근본주의–오직 하나의 길만이 옳다는 세계관의 완고한 고착–에서는 긴장 속에 사는 것을 거부한다. 다른 관점을 고려하는 것 자체를 받아들이려 하지 않는 극단적 자세를 취하기 때문이다. 그러나 문화지능 접근법에서는 긴장을 놓지 않는다.

개인적 가치와 신념에 대한 인정과 타인의 가치와 신념에 대한 존중 사이에 존재하는 긴장 말이다.

여러 번 언급했듯이 문화지능은 서로 다른 국가 사람들이 지니는 문화에 대한 비교를 강조하는 전통적인 접근법을 포함하면서도 이를 초월한다. 국가에 기초해 사람들이 다르게 행동한다는 단순한 일반화는 일정 부분 도움이 될 수도 있지만 조심해야 한다. 왜냐하면 한 국가에 속한 개인들 사이에서도 차이가 나타나기 때문이다. 따라서 문화지능은 문화 간 차이에 대한 단순화의 오류와 위험을 늘 경계한다.[2]

문화지능은 문화 간 차이를 인류의 소중한 자산으로 간주한다. 권력거리가 큰 문화와 작은 문화, 개인주의 문화와 집합주의 문화 등 서로 다른 문화들이 가지는 차이들에 대해서 말이다. 마치 연애결혼과 중매결혼의 장단점을 인정하는 것처럼 양쪽 접근법은 둘 다 긍정적일 수도 부정적일 수도 있다. 문화지능은 긴장을 줄이거나 없애려 하기보다는 긴장 속에 양극단을 붙잡고 있다. 문화지능은 상반되는 것들 사이의 긴장을 포용하는 법을 가르쳐줄 것이다.

문화지능의 강점: 성찰

문화지능의 강점은 매우 성찰적이라는 것이다. 거울이 우리에게 외적 모습을 가꾸게 하듯이 성찰은 우리의 내적 모습을 가꾸게 한다. 성찰은 경험한 것들의 의미를 구조화하는 데 도움이 되는 기술이다. 우리는 인간이기에 생각을 멈출 수 없다. 우리의 머리는 매 순간 온갖 생각들로 가득하다. 매일 일상에서의 이러한 생각에 대해 '다시 생각해 보기'를 시도해본다면 이때 바로 성찰적 사고가 생기는 것이다.

도널드 숀(Donald Schon)은 직장과 업무환경에서의 성찰이 갖는 역할에 대해 연구를 진행해 왔다. 숀은 직장인들이 그들의 일과 시간 동안 어떤 생각을 하는지 살펴보았다. 그는 건축가, 심리치료사, 엔지니어, 도시설계사, 매니저 등이 그들의 생각을 업무에 적용하는 과정을 연구하면서 이를 '행위의 성찰(reflection-in-action)'이라는 용어로 표현했다.

문제를 단순히 풀려고만 해서는 안 된다. 문제를 해결하기 위해서는 우선 실문을 설성해 보아야 한다. "어떻게 해결할 수 있는가?" 뿐만 아니라 "그것을 해결하기 위해 무엇을 해야 옳은가?"라는 질문도 해야만 한다. 단지 답을 구하는 것이 목적이 아니다. 문제 해결을 위한 하나의 가설을 세워 보는 것이다. 이것은 매우 고차원적인 작업으로 성찰적 사고와 행동의 종합적인 작용을 요구한다. 또 다른 긴장이기도 하다. 문제를 설정한다는 것은 문화지능 접근에서 CQ-전략의 성찰적 접근과 밀접하다. 관찰한 것을 해석하고 그것에 따라 다시 계획을 세우는 일련의 전략적 과정으로서 문화지능 모델 전반에 걸쳐 관련된다.

문화지능은 문화 간 만남의 전과 후, 그리고 만남의 순간에 이루어지는 성찰의 중요성을 강조한다. 숀은 행위의 성찰과 더불어 보조적 장소의 중요함을 언급했는데, 업무를 진행하는 중에 사고 능력을 향상하기 위해 한 발짝 물러나 있을 공간을 말한다. 다문화적 상황에서의 만남과 업무는 예상치 못한 문제들을 가져오며 그 해법 역시 예측할 수 없을 때가 많다. 우리는 행동의 중간마다 계속해서 성찰하는 법을 배워야 한다. 그래서 한 발짝 물러나 있을 공간이 필요한데, 이는 앞으로의 행동을 위한 예상, 준비,

성찰의 지속적 운동을 위해서이다.[3]

오늘날 많은 사람들은 성찰할 시간을 위해 천천히 행동하는 것에 대해 그다지 가치를 두지 않는 것 같다. 특히 비즈니스 현장에서는 더욱 그러하다. 하지만 문화지능은 다문화적 업무로 인해 발생할 수 있는 갈등을 한 발 물러나서 꾸준히 성찰할 수 있는 자기 훈련과 수양을 강조한다.

문화지능의 강점: 영감(inspiration)

문화지능 운동을 하면서 보람을 느끼는 일 중 하나는 내가 만난 개인이나 조직에 자극을 주고 고무시키는 것이다. 나는 매우 다양한 조직들과 문화지능에 대해 논의하며 이곳저곳을 오가고 있다. 어느 날은 대형 제약회사와 일을 한다. 미국 중서부 지역에 뿌리를 둔 보수주의자들과 함께 증대되고 있는 글로벌 경영에 대해 어떻게 적응할지 씨름을 하는 것이다. 다음 날은 인종 편견을 없애고 정의를 증진하는 데 문화지능이 어떻게 도움이 될 수 있는가를 미국 사법부와 고민하고, 또 그 다음 날에는 아이티에 있는 자선단체와 미팅을 가진다.

나의 학문적 관심과 동기는 그러한 작업들을 통해 세계를 조금이라도 바꿀 수 있는가 하는 것이다. 세계 곳곳의 개인이나 조직들은 삶을 발전시키고 세계를 더 나은 곳으로 만들기 위해 문화지능 연구에서 발견한 방법들을 활용하고 있다. 사업가, 교사, 학부모, 예술가들이 문화지능을 활용한다. 콜린이라는 비즈니스 코치는 문화지능이 외국인이 새로운 문화에 적응하는 데 도움을 주는 자신의 심리학적 툴을 보완해 준다는 사실을 깨달았다. 또한 그들이 고국으로 돌아갔을 때 자신의 문화로 재진입하는 데에도 도움을 준다고 한다.

인도의 록(rock) 스타인 윌버 사르구나라즈(Wilber Sargunaraj)는 특별한 콘서트 플랫폼을 사용한다. 그것은 그의 팬들에게 문화지능에 대한 영감을 주고 또 가르쳐 주기 위한 것이다. 그래서 다른 문화에 대한 관용뿐만 아니라 문화적 차이를 포용하고 그것으로부터 배움을 얻도록 말이다. 중동의 수백만 달러 자산가인 CEO 하빕은 회사의 인수합병을 위해 문화지능을 활용하고 있다. 또 남아프리카 공화국에서 구호와 개발 업무를 하는 플로렌스는 문화지능을 최고의 학습 도구라고 언급했다. 그녀가 남아프리카의 동료들을 비롯해 문화적으로 다양한 NGO들과 성공적으로 일할 수 있도록 도와주기 때문이다.

세계의 많은 조직들이 어떻게 문화지능이 도움이 되고 있는지를 공유하고 있다. 여기에는 인적자원 관리, 마케팅, 협상, 새로운 비즈니스 기회 등이 포함된다. 하지만 가장 영감을 주는 스토리는 문화지능이 전방위적으로 고려되고 활용되는 조직이다. 많은 그룹이 그렇게 하고 있으나 여기에 몇 가지 좋은 사례를 소개하겠다.

1. 국제항공운송협회(IATA)

국제항공운송협회는 제네바와 몬트리올에 본부를 두고 있으며 항공 산업에서 정부와 미디어에 가장 큰 영향력을 지니는 단체이다. 협회 회원인 230개 항공사에 기술적 지원과 훈련을 제공하고 있다. 여기에는 140여 개의 다양한 국적을 가진 사람들이 74개 나라에서 일하고 있다. 그런데 국제적인 인력과 업무의 성격에도 조직의 기업정신은 서양식의 사고와 관례들로 치우쳐 있었다. 또한 세계의 다양한 곳에서 급속히 성장하고 있는 중요한 시장에 대해서는 인식의 한계를 드러내고 있었다. 이 협회 역시 다른 많은 조직이 직면하고 있는 것과 같은 문제들에 봉착해 있었다.

- 잘 알지 못하는 글로벌 시장에서 어떻게 일할 수 있을까?
- 글로벌 프로세스에서 계획과 전략들을 실행해 나가는 동시에 로컬 비즈니스를 성장시키고 본부와도 원활하게 소통하며 로컬 팀을 효과적으로 관리할 수 있는 그런 리더를 과연 어디에서 찾을 수 있을까?

전통적 해법은 본부에서 이런 문제들을 관리하도록 전문가(서양인 국외 거주자)를 해외 지사에 파견하는 것이었다. 최근 기업에서는 싱가포르에서 태어난 중국인, 또는 영국에서 태어난 인도인을 중국이나 인도에 파견하고 있다. 두 개의 문화적 배경을 가진 관리자라면 두 세계에 대한 가교 역할을 해낼 수 있다고 믿기 때문이다.

이 협회는 I-Lead 프로그램(Intercultural Leadership Engagement and Development)이라 불리는 개발을 통해 새로운 접근법을 취하고 있다. 매년 협회의 최고 경영 팀 중에서 20명을 선발해 I-Lead에 참여시킨다. 이들 중 절반은 전통적 시장인 서유럽과 북아메리카 출신자들로 개인주의적 성향과 낮은 권력거리를 가진 문화권 사람들이다. 다른 절반은 새로 성장하고 있는 시장인 중국과 인도 등의 출신자로 집합주의적 성향과 높은 권력거리를 가진 문화권 사람들이다.[4]

20명의 I-Lead 참가자들은 각기 다른 한 사람과 짝을 이루어 이 협회와 관련된 실제 비즈니스 프로젝트를 서로 다른 지역에서 수행한다. 이때 서양인과 비서양인이 반드시 한 조를 이루어야 한다. 총 10개의 팀이 만들어지는데, 이들 가운데 한 명은 후원자로서 최고 중역이 되고, 다른 한 명은 이 프로그램에 따라 팀원들을 지원하고 관리하는 코치 임무를 맡는다. 이들은 6개월 후 팀별 프로젝트 결과와 비교문화적 성찰을 국제항공운송협회 중역 간부들 앞에서 발표한다. 이 프로그램을 통해 나온 비즈니스 혁신들은 협회와 회원 항공사들의 이윤 증가로 연결되고 있다. 혹시 비행기에 타려고 할 때 바코드를 스캔하면서 탑승하는 보딩패스를 눈여겨본 적이 있는가? 이것은 승객이 탑승할 때 효과적으로 필요한 데이터를 얻는 방법이다. 많은 항공사와 공항에서 바코드 탑승을 시행하고 있는데 이 아이디어는 I-Lead 프로젝트에서 나온 것이다.

세계 전역에서 온 I-Lead 참가자들은 프로그램 처음 일주일간을 함께 머물고 프로그램 끝에 서로 다시 만난다. 모두가 문화지능 다중 테스트에 참가하는데, 자가 테스트와 함께 동료와 감독관에 의한 평가도 동시에 받는다. 그들은 함께 모여 피드백 리포트를 받고 결과에 대해 서로 이야기를 나눈다. 문화에 대한 경험적 학습을 얻을 뿐만 아니라 앞으로 그것이 세계 각지에서 그들의 업무에 어떠한 영향력을 미칠지도 배우게 된다. 이들은 모든 프로그램이 끝난 후에는 각자 고향으로 돌아가 문화지능을 훈련시키는 임무도 맡게 된다.

이 협회의 인적자원 관리자이자 부회장인 귀도 기아나쏘(Guido Gianasso)는 이 프로그램이 가장 유익한 리더십 개발 프로그램 중 하나라고 보고했다. 최근에 마친 과거 I-LEAD 참가자 200명 이상을 대상으로 한 연구에 의하면 이 프로그램이 문화지능의 네 가지 능력 모두를 향상하는 데 이바지했다고 한다. 이 프로그램은 국제항공운송협회에 있어 문화 간 연결고리를 만들어 주었으며 부상하고 있는 새로운 시장에서의 비즈니스 성장을 위해 직간접적으로 이바지하고 있다.

2. 캐나다 군대

군 지휘자들은 문화적 이해와 적응의 중요성에 대해 계속 논의를 하고 있는데 아프가니스탄에서 있었던 캐나다 군대에서의 경험은 문화지능의 중요성과 그 필요성을 환기시켜 주었다. 캐나다 군대는 작전, 전략, 전술에서 문화지능의 필요성을 강화하고 있다. 국방 연구원으로 현역에서 은퇴한 소령 카렌 데이비스는 "문화지능은 상대의 의도를 파악하는 데 중요한 역할을 한다. 즉 합동 작전이나 다국적군, 관계 기관 작전 등의 효과적인 수행, 전체 군 차원에서의 접근과 훈련, 그리고 방어와 외교, 개발과 관련된 요청을 협상하는 것 등에 있어서 필요하다."라고 말했다.[5]

아프가니스탄에서 일하는 연합군은 문화지능이 다각적으로 필요했다. 예를 들어 아프가니스탄의 많은 마을에서는 여성들이 가족들에게만 얼굴을 보여준다. 그들은 거의 집 밖으로 나가지 않으며 만약 나갈 경우에는 얼굴을 가린다. 남편 이외의 남자가 자신의 얼굴을 볼 수 없게 하기 위해서이다. 그래서 연합군 군인 남성이 폭발물을 수색하기 위해 집안으로 불쑥 들어왔을 때 협조가 거의 이루어지지 않았던 것이다. 심한 모욕감은 말할 것도 없거니와 그곳에선 그런 행위가 범죄나 다름없었던 것이다.

캐나다 군대는 이 접근법을 변화시켰다. 여성 군인들이 마을로 들어가 여성과 어린이들을 만나고 유대감을 형성했다. 그들은 교육에 대해 이야기하면서 연합군이 아프가니스탄 아이들에게 학교에 다닐 기회를 제공할 것이라고 설명했다. 반란군에 합류하는 것보다 더 많은 기회를 가질 수 있다고 설득한 것이다. 이런 경험을 떠올리며 여군인 멜리사 가그논 상병은 "우리가 들어갔을 때 아프가니스탄 여성들은 실제로 웃음을 보였다. 이전에는 여기에 여군이 들어와 본 적이 없었던 것 같았다."[6] 모든 집에 여군이 들어갈 수 없을 때에는 군인 남성이 마을의 남자들에게 미리 알려주어 아프가니스탄 여성들이 얼굴을 가릴 시간을 가질 수 있게 해 주었다. 그리고 나서 집에 들어가 수색작업을 벌였다.[7]

3. 피플투피플(People to People)

피플투피플 운동은 1956년에 미국 대통령 아이젠하워에 의해 시작되었다. 그는 세계의 평범한 시민 간의 성숙한 상호 소통이 문화 간 이해와 세계 평화를 증진시킬 수 있다고 믿었다. 아이젠하워의 믿음이 지금은 피플투피플 학생 대사와 피플투피플 민간인 대사 프로그램으로 실천되고 있다. 40만 이상의 미국인들이 피플투피플 민간인 대사 프로그램에 참여해 7개 대륙을 여행했다. 이 조직은 아이들과 청소년들의 사회의식과 문화지능 계발을 위한 교육적인 목적의 여행을 주로 진행하고 있다. 피플투피플 청소년 여행 대표단은 자원봉사자인 학급 선생님들에 의해 인도된다. 청소년 시절부터 문화지능을 높여야 한다는 선생님들의 믿음과 헌신에 의한 봉사이다. 이들은 문화지능이 젊은이들 개개인에게 많은 기회를 제공함은 물론이고 세계를 더 나은 곳으로 만들 수 있는 능력을 향상시킨다고 믿고 있다.

문화적 이해와 참여는 문화지능 개념이 자리 잡기 오래전부터 이미 피플투피플 민간인 대사 프로그램의 핵심 가치였다. 피플투피플 운동은 50년 넘게 교육 여행을 진행하면서 오늘날 사회적으로 의식 있는 리더 그룹의 하나로 자리 잡았다. 이 조직의 경영진들은 지위에 상관없이 문화지능 연구와 모델을 업무에 응용하고 있다. 그들은 다른 나라에 누군가를 보낸다고 그가 자동으로 문화지능이 향상되어 업무를 수행할 수 있다고 믿지 않는다. 따라서 문화지능 향상을 위해 의도적으로 디자인된 프로그램을 사용한다:

- 젊은이들의 해외여행에 대한 동기를 중심으로 신중하게 선별하는 것으로 모든 과정이 시작된다(CQ-동기).
- 지도자들과 참가자들은 온·오프라인 상의 개인 훈련 교과목을 이수한다(CQ-지식).
- 지도자들은 참가자들에게 일지를 쓰게 하고 문화적 차이를 인식하고 주의를 기울이도록 하기 위한 특별한 계기를 제공한다(CQ-전략).
- 다양한 문화의 지역을 방문할 때 어떻게 행동하는 것이 가장 좋은지를 함께 논의하며 준비한다(CQ-행동).

이 접근법은 전체 프로그램의 바탕을 이루고 있으며 대표단 일정표에도 이 같은 요소들이 포함되어 있다. 예를 들어 바티칸을 방문하려는 그룹은 다음과 같은 사항을 준비해야 한다.

- 바티칸에 대해 더 배우려는 우리의 동기는 무엇인가(CQ-동기)?
- 그곳에 방문하기 전 무엇을 학습해야 하며 그곳에 있는 동안에 무엇을 배울 필요가 있는가(CQ-지식)?
- 행동하기 위해 어떤 계획을 세워야 하는가? 방문하는 동안 어떤 것

들에 신경을 쓰고 있어야 하는가(CQ-전략)?

• 문화적 규범들을 존중하고 적응하기 위해 어떤 행동을 해야 하는가 (CQ-행동)?

피플투피플 민간인 대사 프로그램을 보면 문화지능이 어떠한 역할을 하는지 알 수 있다. 리더십에 관해서 역시 조직 전체에 걸쳐 문화지능을 활용하고 있다. 프로그램 내의 모든 사람들은 문화지능을 평가받고 훈련 받는다. 교육여행에 참여하는 학생들도 여행을 출발하기 전과 후에 문화 지능을 평가받는다. 이 여행을 이끄는 교육자들도 훈련받는다. 이렇게 이 긴 시간의 교육여행을 통해 학생들의 문화지능 향상을 극대화할 수 있는 지 말이다. 또한 온라인 포럼(www.societyforglobalcitizens.com)도 지원하는데, 여행 후에도 지속적으로 문화지능과 세계시민에 관한 이슈를 발전시키기 위함이다.

4. 싱가포르 난양기술대학교

싱가포르의 난양기술대학교는 종종 동양의 MIT로 비유되곤 한다. 이 대학의 학부와 대학원 비즈니스스쿨에서 문화지능 평가와 수업을 한다는 것은 그리 놀랄 일이 아니다. 특히 이 대학에는 문화지능 연구를 이끌어 가는 선구적인 연구자들이 있다. 비즈니스스쿨의 학부생들은 다문화 팀 에서 함께 작업하고, 서로 문화지능을 평가하고, 그들이 가장 필요로 하는 영역의 문화지능 향상을 위한 계획을 만들어 간다.

난양비즈니스스쿨의 MBA 학생들은 베트남과 아일랜드 같은 나라로 단기학습 여행을 다녀온다. 학생들은 학급 내 다른 문화적 배경을 가진 학우와 짝을 이룬다. 그리고 다양성에 관한 과제들을 부여받는다. 방문할 나라에 기초한 비즈니스 플랜을 가지고 미팅 준비와 과제를 수행한다. 그들은 다국적기업을 만나게 되는데 여기서 문화지능을 적용한 일련의 과제들이 주어진다. 이는 다국적기업의 장기간에 걸친 문화지능 계발과 비즈니스를 위한 적용과도 연관되어 있다. 이 비즈니스스쿨은 대학의 프로그램이 어떻게 학생들의 글로벌 경쟁력 향상에 이바지하느냐에 대해 국제경영대학 발전협의회(AACSB) 같은 인가된 기관들에 문화지능 평가 방법을 제시하고 있다.

문화지능 연구에 관한 난양비즈니스스쿨의 공헌은 세계 100위와 지역 내 10위 안에 드는 비즈니스스쿨로 자리 잡게 했다.[8] 문화지능 교육은 대학 내 다른 단과대학에도 채택되고 있다. 싱가포르 국립교육연구소는 난양기술대학교 안에 자리하고 있다. 이곳에서는 21세기 학급에서 필요한 핵심 역량으로 문화지능의 중요성에 대해 교사들에게 교육하고 있다. 그리고 대학 신입생들 모두가 문화지능 코스를 듣도록 하는 안이 추진되고 있다.

...

문화지능 연구를 통해 발견된 것들이 수많은 개인과 조직들의 업무를 위해 활용되고 있다. 뱅크오브아메리카, 바클레이, IBM 같은 대기업, 미국 사법부나 스위스 입법부와 같은 정부기관, 미네소타·조지타운·스탠퍼드 같은 대학들, 적십자나 월드비전 같은 자선단체 등에서도 문화지능과 그 장점들을 조직 내에 도입하고 있다.

문화지능의 강점: 적용

문화지능의 최고 강점은 상호의존적인 세계에서 우리의 삶과 관계성, 그리고 글로벌 업무에 적용할 수 있다는 것이다. 이 책은 문화지능을 향상하기 위해 무엇을 해야 하는지 제시하고자 했다.

여러분의 문화지능 액션 플랜을 위해 다음의 리스트들을 참조해보자. 당장 활용할 수 있는 전략에 하나나 두 개 정도 동그라미를 쳐 보자. 그리고 4~6주 후에 이어서 활용하고 싶은 전략들에는 네모 표시를 해 보자.

CQ-동기	CQ-지식
1. 편견과 선입견을 인정하라	1. 문화 속으로 걸어 들어가라
2. 흥미를 끄는 것부터 시작하라	2. 구글의 스마트한 사용자가 되라
3. 두려움을 활용하라	3. 글로벌 지식을 증가시켜라
4. 머릿속에 성공을 그려 보라	4. 영화를 보거나 소설을 읽어라
5. 스스로에게 보상해라	5. 문화의 다양한 가치를 배워라
6. 당신의 에너지를 충전시켜라	6. 자신의 문화정체성을 탐구하라
7. 자신의 통제력을 향상시켜라	7. 새로운 언어를 공부해 보라
8. 여행을 떠나라	8. 다양한 관점으로부터 배워라
	9. CQ 코치를 활용하라

CQ-전략	CQ-행동
1. 일단 멈추고 주시하라	1. 행동의 레퍼토리를 개발하라
2. 넓게 생각하라	2. 배우가 되어 보라
3. 깊이 집중하라	3. 금기는 금기시하라
4. 일지를 써라	4. 기초적인 어휘를 익혀라
5. 소통의 기술을 익혀라	5. 새로운 발음을 시도해 보라
6. 너무 높은 기대감은 버려라	6. 속도를 늦추어라
7. 체크리스트를 만들어라	7. 도움이 필요하다면 겸손해져라
8. 상황을 재구성해 보라	8. 다문화 조직에 참여해 보라
9. 계획의 정확성을 점검하라	
10. 더 나은 질문을 하라	

더 나아가기

낡은 지도를 가지고 오늘날 세계화된 시대에서 길을 찾기란 쉽지 않다. 낡고 오래된 지도에 단순히 이름을 추가하고 색깔을 바꾼다고 해서 도움이 되지는 않는다. 이 지도는 다시 만들어져야 한다. 문화지능은 여러분에게 새로운 지도를 주고자 한다. 글로벌 세계의 지형을 찾아 나서기 위해 도움이 되는 그런 지도 말이다.

문화지능 지도는 서로 다른 문화적 가치를 배우고 새로운 언어를 공부하는 것과 같은 이전의 지도와 유사한 측면도 있다. 그러나 동시에 우리는 이러한 측면을 넘어서고자 한다. 문화지능은 문화 간 차이로 인해 혼란스럽게 얽혀 있는 상황들을 풀어가는 데 도움이 되고자 한다. 문화지능은 자기 자신과 조직의 가치에 진실해지기 바란다. 동시에 다른 사람들의 가치와 삶에도 존중과 경의를 갖는 법을 배우기 원한다.

우리는 문화지능 향상을 위해서 완전히 새로운 방식으로 세계를 향해하는 배에 올라타야 한다. 때로는 고통스럽고 두려울지도 모른다. 그러나 돌아올 보상은 그 이상의 가치를 지닌다. 서로가 가진 차이 너머의 세계를 볼 수 있을 때 우리에게 놀라운 일들이 벌어질 것이다. 모두가 같은 인간이라는 유대감 안에서 서로 간의 차이점은 풍요로운 배움의 열쇠가 될 것이다. 그것이 문화지능의 힘이다. 또한 문화지능이 가진 차별성이다.

세계는 계속 변화해 왔다. 그 변화에 당신도 동참해 보지 않겠는가? 변화를 이끄는 메신저가 되어보면 어떤가? 빠른 세계화의 현실 속에서 절망과 피로와 소진이 아닌, 믿기 힘들 수도 있는 새로운 글로벌 소통을 창조해 가면 어떨까?

...

진보와 보수 두 진영의 사람들이 서로 매우 존중하는 태도로 대화하는 장면을 상상해 보자.

유대인 가족이 팔레스타인 가족과 함께 휴가를 즐기는 장면을 상상해 보자.

최고경영자와 힙합 가수가 세계 기아 문제를 해결하기 위해 함께 일하는 모습을 상상해 보자.

미국시민자유연맹이 복음주의 목사님들과 정의를 위해 협력하는 모습을 상상해 보자.

...

관용만으로는 충분하지 않다. 우리는 서로를 향해 더 가까이 다가가야 한다. 더 나은 세상을 함께 만들어가기 위해 우리의 차이들을 인정하고 또 넘어서야 한다.

전혀 다른 사람들 곁으로 다가간다고 해서 내가 변하는 것은 아니다. 오히려 어떤 강력한 힘을 배울 수 있다. "저런 무슬림들", "어쩔 수 없는 중국인들", "멍청한 민주당원들", "탐욕스러운 보수당원들"과 같은 식의 어떤 그룹 전체를 비하하는 발언을 줄여간다면 그런 대화에 매우 불편함을 느낄 것이다. '우리'와 '그들'이라는 단순한 이분법적 카테고리의 폭력성에 대한 각성은 우리 모두에게 필요하다.

오늘날처럼 다양한 문화의 사람들이 서로 만나 교류하며 함께 살아간 적은 과거 어느 때도 없었다. 이런 세상을 가슴 깊이 껴안아 보자. 그리고 완전히 새로운 방식으로 세계를 대할 수 있는 나의 잠재력과 가능성을 발견해 보자.

…

일 년 후: 로버트와 새나가 함께 일한 지 벌써 일 년이란 시간이 지났다. 로버트는 새나의 업무 처리를 매우 흡족해했고 새나 역시 로버트와의 업무에 만족하고 있었다. 하니는 새나가 회사 일을 집에 가지고 와 작업하는 것을 별로 좋아하지 않았다. 그래도 최근 로버트와 그의 아내 잉그리드가 저녁 식사 초대를 받아들여 집으로 오기로 되어 있어 유쾌하다. 로버트와 잉그리드가 새나와 하니의 집에서 라마단 단식 기간에 저녁 식사를 함께 할 줄을 누가 상상이나 했겠는가?

로버트와 잉그리드는 일 년 전과 다름없이 여전히 기독교 믿음에 신실하다. 그러나 과거에 비해 무슬림에 대한 모욕과 독설을 듣고 있노라면 심기가 매우 불편하다. 그 장소가 교회이건, 축구경기장에서건, 뉴스를 통해서건 상관없이 부쩍 늘고 있는 무슬림에 대한 편견들 앞에서 말이다. 새나와 하니는 금요일마다 예배를 드릴 수 있는 모스크를 찾았다. 그리고 새나와 하니의 눈에 비친 로버트와 잉그리드의 종교에 대한 편협되지 않은 태도는 상당히 인상적이었다.

로버트의 회사는 중동에 회사 일부를 파는 대신 그들과의 합병을 선택했다. 그리고 6개월이 지난 지금 매우 높은 수익을 내고 있다. 새나는 중동에서 받는 다양한 이메일을 비롯해 여러 번역 업무 등을 위해 회사에서 없어서는 안 될 중요한 인재이다. 로버트 역시 새나에게 남편 하니가 근무하는 제약회사에 대한 일과 문화를 이해하는 데 조언을 주고 있다. 로버트와 새나는 가정생활과 회사 내 업무를 위해 서로 도움을 주고 있다.

···

우리 역시 각자의 다문화 경험과 문화지능에 대한 유사한 사례들, 그리고 그 이야기들을 만들어 가고 있을 것이다. 여러분의 경험을 함께 공유하면 어떨까? www.davidlivermore.com 사이트에 방문해 다문화 경험과 문화지능에 대한 서로의 배움을 나누어 보자.

NOTES

Preface

1. Soon Ang and Linn Van Dyne, "Conceptualization of Cultural Intelligence" in *Handbook of Cultural Intelligence: Theory, Measurement, and Applications* (Armonk, NY: M.E. Sharpe, 2008), 10.

2. For those who care about such things, I've used the terms *cross-cultural, intercultural,* and *multicultural* synonymously throughout the book. Although technically *cross-cultural* traditionally refers to "two cultures interacting" and *intercultural* and *multicultural* refer to "multiple cultures interacting," I find it helps to use the terms interchangeably for this kind of writing.

Chapter 1: CQ for You

1. Siobhan Roth, "World Travelers," *National Geographic* July 2006, 25. Admittedly, there are some individuals who get more than one tourist visa in a year; therefore, 1 billion is a rough estimate. But there are also others who move across borders without getting a tourist visa. So ⅙ still seems like a fair estimate of the number of people in the world traveling internationally each year.

2. Claudia Deutsch, "GE: A General Store for Developing World," *International Herald Tribune*, July 18, 2005, 17.

3. Less Christie, "CNN, Census: U.S. Becoming More Diverse," http://money.cnn.com/2009/05/14/real_estate/rising_minorities/index.htm (accessed May 21, 2009).

4. Giovanni Bisignani, "Improved Profitability—But Europe Still Lags in the Red," International Air Transport Authority, http://www.iata.org/pressroom/pr/Pages/2010-09-21-02.aspx., September 19, 2010.

5. David Livermore, "Globalization Trends," a technical report created for the Global Learning Center, Grand Rapids, MI: September 2008.

6. Cheryl Tay, Mina Westman, and Audrey Chia, "Antecedents and Consequences of Cultural Intelligence Among Short-Term Business Travelers," in *Handbook of Cultural Intelligence: Theory, Measurement, and Applications* (Armonk, NY: M.E. Sharpe, 2008), 141.

7. Thomas Ruckstuhl, Ying-yi Hong, Soon Ang, and Chi-Yue Chiu, "The Culturally Intelligent Brain: Possible Neuroscience Foundation of Global Leadership," *Neuroleadership Journal* (forthcoming).

8. Gary Ferraro, *The Cultural Dimension of International Business*, 5th Ed. (Upper Saddle River, NJ: Prentice-Hall, 2006), 12.

9. Aimin Yan and Yadong Luo, *International Joint Ventures: Theory and Practice* (Armonk, NY: ME Sharpe, 2001), 32.

10. Soon Ang, Linn Van Dyne, and Mei Ling Tan, "Cultural Intelligence," in Robert J. Sternberg and Scott Barry Kaufman, eds. *Cambridge Handbook of Intelligence* (Cambridge, U.K.: Cambridge University Press, (forthcoming).

11. Soon Ang and Linn Van Dyne, "Conceptualization of Cultural Intelligence," in *Handbook of Cultural Intelligence: Theory, Measurement, and Applications* (Armonk, NY: M.E. Sharpe, 2008), 10.

12. Ibid.

13. Ibid.

14. Soon Ang, Linn Van Dyne, C. Koh, K. Y. Ng, K. J. Templer, C. Tay, and N. A. Chandrasekar, "Cultural Intelligence: Its Measurement and Effects on Cultural Judgment and Decision Making, Cultural Adaptation, and Task Performance," *Management and Organization Review* 3 (2007): 335–371.

15. L. Imai and M. J. Gelfand, "The Culturally Intelligent Negotiator: The Impact of Cultural Intelligence (CQ) on Negotiation Sequences and Outcomes," *Organizational Behavior and Human Decision Processes* 112: 83–98.

16. Grant McCracken, *Chief Culture Officer: How to Create a Living, Breathing Corporation* (New York: Basic Books, 2009), 148.

17. Soon Ang, Linn Van Dyne, and Mei Ling Tan, "Cultural Intelligence." In Robert J. Sternberg and Scott Barry Kaufman, eds. *Cambridge Handbook of Intelligence* (Cambridge, U.K.: Cambridge University Press (forthcoming).

18. Ibid.

19. Ibid.

20. Cheryl Tay, Mina Westman, and Audrey Chia, "Antecedents and Consequences of Cultural Intelligence Among Short-Term Business Travelers" in *Handbook of Cultural Intelligence: Theory, Measurement, and Applications* (Armonk, NY: M.E. Sharpe, 2008), 126ff.

21. David Livermore, "The Results of Cultural Intelligence," technical report for the Global Learning Center, Grand Rapids, MI, 2009.

22. Ibid.

23. Ibid.

24. Ibid.

25. Elie Wiesel, *Dawn* (New York: Hill and Wang, 2006), vii.

26. Ken Wilbur, *Boomeritis: A Novel That Will Set You Free* (Boston, Shambhala, 2002), 15.

27. Henry Cloud, *Integrity: The Courage to Meet the Demands of Reality* (New York: Collins, 2006), 242.

Chapter 2: Research Brief

1. Milton Bennett, "Towards Ethnorelativism: A Developmental Model of Intercultural Sensitivity," in R. Michael Paige, ed., *Education for the Intercultural Experience* (Yarmouth, ME: Intercultural Press, 1993) 21–71; Geert Hofstede, *Cultures and Organizations: Software of the Mind* (New York: McGraw-Hill, 1997); and Fons Trompenaars and Charles Hampden-Turner, *Riding the Waves of Culture: Understanding Diversity in Global Business* (New York: McGraw Hill, 2000).

2. M. J. Gelfand, L. Imai, and R. Fehr, "Thinking Intelligently About Cultural Intelligence: The Road Ahead," in S. Ang and L. Van Dyne, eds., *Handbook of Cultural Intelligence: Theory, Measurement, and Applications* (New York: M.E. Sharpe, 2008), 375.

3. Soon Ang, Linn Van Dyne, and Mei Ling Tan, "Cultural Intelligence," in Robert J. Sternberg and Scott Barry Kaufman, eds. *Cambridge Handbook of Intelligence* (Cambridge, U.K.: Cambridge University Press (forthcoming).

4. J. D. Mayer and P. Salovey, "What Is Emotional Intelligence?" in P. Salovey and D. Sluter, eds., *Emotional Development and Emotional Intelligence: Educational Applications* (New York: Basic Books, 1997), 3–31.

5. R. Thorndike and S. Stein, "An Evaluation of the Attempts to Measure Social Intelligence," *Psychological Bulletin* 34 (1937): 275–285.

6. R. J. Sternberg, and R. J. Wagner, "Practical Intelligence," in R. J. Sternberg, ed., *Handbook of Intelligence* (New York: Cambridge University Press, 2000), 380–395.

7. Chris Earley and Soon Ang, *Cultural Intelligence: Individual Interactions Across Cultures* (Stanford, CA: Stanford Press, 2003).

8. R. J. Sternberg and D. K. Detterman, eds., *What Is Intelligence? Contemporary Viewpoints on Its Nature and Definition* (Norwood, NJ: Ablex, 1986).

9. R. J. Sternberg, "A Framework for Understanding Conceptions of Intelligence," in R. J. Sternberg and D. K. Detterman, eds., *What Is Intelligence?* (Norwood, NJ: Ablex, 1986), 3–18.

10. Cultural Intelligence Scale (CQS), East Lansing, MI: Cultural Intelligence Center, LLC, 2005.

11. S. Ang, L. Van Dyne, C. K. S. Koh, K. Y. Ng, K. J. Templer, C. Tay, and N. A. Chandrasekar, "Cultural Intelligence: Its Measurement and Effects on Cultural Judgment and Decision Making, Cultural Adaptation, and Task Performance, *Management and Organization Review* 3 (2007): 335–371.

12. S. Ang, L. Van Dyne, and M. L. Tan, "Cultural Intelligence," in R. J. Sternberg and S. B. Kaufman, eds. *Cambridge Handbook of Intelligence* (Cambridge: Cambridge University Press, forthcoming).

13. S. Ang, L. Van Dyne, C. Koh, K. Y. Ng, K. J. Templer, C. Tay, and N. A. Chandrasekar, "Cultural Intelligence: Its Measurement and Effects on Cultural Judgment and Decision-Making, Cultural Adaptation, and Task Performance," *Management and Organization Review* 3, (2007): 340.

Chapter 3: CQ Drive

1. Linn Van Dyne and Soon Ang, "The Sub-Dimensions of the Four-Factor Model of Cultural Intelligence," Technical Report. Cultural Intelligence Center, 2008.

2. M. Goh, J. Koch, and S. Sanger, "Cultural Intelligence in Counseling Psychology," in Soon Ang and Linn Van Dyne, eds., *Handbook of Cultural Intelligence: Theory, Measurement, and Applications* (Armonk, NY: M.E. Sharpe, 2008), 41–54; Ibraiz Tarique and Riki Takeuchi, "Developing Cultural Intelligence: The Role of International Nonwork Experiences," in *Handbook of Cultural Intelligence: Theory, Measurement, and Applications* (Armonk, NY: M.E. Sharpe, 2008), 260, 264.

3. Soon Ang, Linn Van Dyne, and Mei Ling Tan, "Cultural Intelligence," in Robert J. Sternberg and Scott Barry Kaufman, eds. *Cambridge Handbook of Intelligence* (Cambridge, U.K.: Cambridge University Press, (forthcoming).

4. David Rock, *Your Brain at Work: Strategies for Overcoming Distraction, Regaining Focus, and Working Smarter All Day Long* (New York: Harper Collins, 2009), 65.

5. Klaus Templer, C. Tay, and N. A. Chandrasekar, "Motivational Cultural Intelligence, Realistic Job Preview, Realistic Living Conditions Preview, and Cross-Cultural Adjustment," *Group & Organization Management* 31, 1 (February 2006): 157.

6. Rock, 66.

7. G. Latham and E. Locke, "Employee Motivation," in Julian Barling and Cary Cooper, eds. *The SAGE Handbook of Organizational Behavior, Volume I, Micro Approaches* (Thousand Oaks, CA: SAGE, 2009), 320.

8. E. Berkman and M. D. Lieberman, "The Neuroscience of Goal Pursuit: Bridging Gaps Between Theory and Data," in G. Moskowitz and H. Grant, eds. *The Psychology of Goals* (New York: Guilford Press, 2009), 98–126.

9. Paulo Freire, *Pedagogy of the Oppressed* (New York: Continuum, 1997).

10. Rock, 36.

11. Ellen Langer, *Counterclockwise: Mindful Health and the Power of Possibility* (New York: Ballantine Books, 2009), 112–115.

12. Amy Arnsten, Prefrontal Cortical Networks, http://info.med.yale.edu/ neurobio/arnsten/Research.html (accessed January 13, 2010).

13. David Rock, "Managing with the Brain in Mind," *Strategy and Business* (Autumn 2009), 56, http://www.strategy-business.com/article/ 09306? gko=5df7f&cid=enews20091013.

14. L. M. Shannon and T. M. Begley, "Antecedents of the Four-Factor Model of Cultural Intelligence," in Soon Ang and Linn Van Dyne, eds., *Handbook of Cultural Intelligence: Theory, Measurement, and Applications* (Armonk, NY: M.E. Sharpe, 2008), 41–54. And Ibraiz Tarique and Riki Takeuchi, "Developing Cultural Intelligence: The Role of International Nonwork Experiences," in *Handbook of Cultural Intelligence: Theory, Measurement, and Applications* (Armonk, NY: M.E. Sharpe, 2008), 56.

15. Efrat Shokef and Miriam Erez, "Cultural Intelligence and Global Identity in Multicultural Teams," in Soon Ang and Linn Van Dyne, eds., *Handbook of Cultural Intelligence: Theory, Measurement, and Applications* (Armonk, NY: M.E. Sharpe, 2008), 180.

16. Cheryl Tay, Mina Westman, and Audrey Chia, "Antecedents and Consequences of Cultural Intelligence Among Short-Term Business Travelers," in Soon Ang and Linn Van Dyne, eds., *Handbook of Cultural Intelligence: Theory, Measurement, and Applications* (Armonk, NY: M.E. Sharpe, 2008), 126–144; S. Ang, L. Van Dyne, C. Koh, K. Y. Ng, K. J. Templer, C. Tay, and N. A. Chandrasekar, "Cultural Intelligence: Its Measurement and Effects on Cultural Judgment and Decision Making, Cultural Adaptation, and Task Performance," *Management and Organization Review* 3 (2007): 335–371; L. M. Shannon and T. M. Begley, "Antecedents of the Four-Factor Model of Cultural Intelligence," Soon Ang and Linn Van Dyne, eds., *Handbook of Cultural Intelligence: Theory, Measurement, and Applications* (Armonk, NY: M.E. Sharpe, 2008), 41–55.

17. You Jin Kim and Linn Van Dyne, "A Moderated Mediation Model of Intercultural Contact and Work Overseas Potential: Implications for Selection and Development of Global Leaders" (paper presented at the

annual international meeting for the Society for Industrial Organization Psychology, Atlanta, Georgia, April 8–10, 2010); Kevin Groves, "Leader Cultural Intelligence in Context: Testing the Moderating Effects of Team Cultural Diversity on Leader and Team Performance" (paper presented at the annual international meeting for the Society for Industrial Organization Psychology, Atlanta, Georgia, April 8–10, 2010).

Chapter 4: CQ Knowledge

1. Lee Yih-teen, Aline D. Masuda, and Pablo Cardona, "The Interplay of Self, Host, and Global Cultural Identities in Predicting Cultural Intelligence and Leadership Perception in Multicultural Teams" (paper presented at the annual international meeting for the Society for Industrial Organization Psychology, Atlanta, Georgia, April 8–10, 2010).

2. Linn Van Dyne and Soon Ang, "The Sub-Dimensions of the Four-Factor Model of Cultural Intelligence," Technical Report. Cultural Intelligence Center, 2008.

3. Terrence Linhart, "They Were So Alive: The Spectacle Self and Youth Group Short-Term Mission Trips" (paper presented at the North Central Evangelical Missiological Society Meeting, Deerfield, IL, April 9, 2005), 7.

4. Edna Reid Ph.D., *Intelligence Gathering for Cultural Intelligence* (Singapore: Nanyang Technological University, April 2009).

5. P. C. Earley, C. Murnieks, and Elaine Mosakowski, "Cultural Intelligence and the Global Mindset," *Advances in International Management*, Volume 19 (New York: JAI Press, 2007), 75–103.

6. Daisann McLane, "Moved by the Movies," *National Geographic Traveler* (July–August 2010), 12.

7. In particular, see Chapter 5 of David Livermore, *Leading with Cultural Intelligence* (New York: AMACOM, 2010) for more.

8. Several of these values stem from Geert Hofstede's work. Visit http://www.geert-hofstede.com/ to get the ratings for various cultures. For one of the most complete overviews on cultural value dimensions, see R. J. House. P. J. Hanges, M. Javidan, P. W. Dorfman, and V. Gupta, *Culture, Leadership, and Organizations: The GLOBE Study of 62 Societies* (Thousand Oaks, CA: SAGE, 2004).

9. Edward Hall, *Beyond Culture* (New York: Anchor Books, 1981), 39.

10. P. Kay and W. Kempton, "What Is the Sapir-Whorf Hypothesis?" *American Anthropologist* 86, no. 1 (1984): 65–79. And John Carroll, *Language, Thought, and Reality: Selected Writings of Benjamin Lee Whorf* (Cambridge, MA: MIT Press, 1964), 212–214.

11. President Barack Obama, University of Michigan graduation speech, Ann Arbor, MI: University of Michigan, May 1, 2010.

12. Craig Storti, *The Art of Crossing Cultures* (Yarmouth, ME: Intercultural Press, 1990), 72.

13. Joyce Osland and Allan Bird, "Beyond Sophisticated Stereotyping: Cultural Sensemaking in Context," *Academy of Management Executive* 14, no. 1 (2000), 73.

Chapter 5: CQ Strategy

1. Linn Van Dyne and Soon Ang, "The Sub-Dimensions of the Four-Factor Model of Cultural Intelligence," Technical Report, Cultural Intelligence Center, 2008.

2. R. Desimone and J. Duncan, "Neural Mechanisms of Selective, Visual Attention," *Annual Review of Neuroscience* 18 (1995): 193–222.

3. Grant McCracken, *Chief Culture Officer: How to Create a Living, Breathing Corporation* (New York: Basic Books, 2009), 119–120.

4. Gregory David Roberts, *Shantaram* (New York: St. Martins Griffin, 2003), 105.

5. T. F. Pettigrew, "The Ultimate Attribution Error: Extending Allport's Cognitive Analysis of Prejudice," *Personality and Social Psychology Bulletin* 5, no. 4 (1979): 461–476.

6. Jason Fried and David Heinemeier Hansson, *ReWork: Change the Way You Work Forever* (London: Vermilion, 2010), 74.

7. David Rock, *Your Brain at Work: Strategies for Overcoming Distraction, Regaining Focus, and Working Smarter All Day Long* (New York: Harper Collins, 2009), 212.

8. Adapted from mindfulness measures developed by Kirk Warren Brown and Richard M. Ryan, *Mindful Attention Awareness Scale* (MAAS) http://www.psych.rochester.edu/SDT/measures/maas_description.php.

9. Rock, 94.

10. Ibid., 89.

11. William Weeks, Paul Pedersen, and Richard Brislin, *A Manual for Structured Experiences for Cross-Cultural Learning* (Yarmouth, ME: Intercultural Press, 1977), xv.

12. M. F. Mason, M. I. Norton, J. D. Van Horn, D. M. Wegner, S. T. Grafton, and C. N. Macrae. "Wandering Minds: The Default Network and Stimulus-Independent Thought," *Science* 315 (2007): 393–395.

13. Van Dyne and Ang.

14. Rock, 147.

15. Robert Merton, *Social Theory and Social Structure* (New York: Free Press, 1968), 319.

16. K. Templer, C. Tay, and N. A. Chandrasekar, "Motivational Cultural Intelligence, Realistic Job Preview, Realistic Living Conditions Preview, and Cross-Cultural Adjustment," *Group & Organization Management* 31, no. 1 (February 2006): 168.

17. Atul Gawande, *The Checklist Manifesto: How to Get Things Right* (New York: Metropolitan Books, 2009).

18. K. N. Ochsner, R. D. Ray, J. C. Cooper, E. R. Robertson, S. Chopra, and J. D. D. Gabrieli, "For Better or For Worse: Neural Systems Supporting the Cognitive Down and Up-Regulation of Negative Emotion," *Neuroimage* 23, no. 2 (2004): 483–499.

19. M. D. Lieberman, N. I. Eisenberger, M. J. Crockett, S. M. Tom, J. H. Pfiefer, and B. M. Way, "Putting Feelings into Words: Affect Labeling Disrupts Amygdala Activity in Response to Affective Stimuli," *Psychological Science* 18, no. 5 (2007): 421–428.

20. Van Dyne and Ang.

21. Six Sigma Financial Services, "Determine the Root Cause: 5 Whys," http://finance.isixsigma.com/library/content/c020610a.asp (accessed 16 August 2007).

Chapter 6: CQ Action

1. Linn Van Dyne and Soon Ang, "The Sub-Dimensions of the Four-Factor Model of Cultural Intelligence," Technical Report, Cultural Intelligence Center, 2008.

2. Erving Goffman, *The Presentation of Self in Everyday Life* (New York: Anchor Books, 1959).

3. See Terri Morrison, Wayne A. Conaway, and George A. Borden, Ph.D., *Bow, Kiss, or Shake Hands* (Mishawaka, IN: Bob Adams Inc., 1994).

4. Cynthia Beath, Ph.D., Professor Emerita, University of Texas, introduced me to the seventeen famous phrases concept; personal communication, May 2, 2009.

5. Originally reported in my book *Cultural Intelligence: Improving Your CQ to Engage Our Multicultural World* (Grand Rapids: Baker Books, 2008), 115.

6. Efrat Shokef and Miriam Erez, "Cultural Intelligence and Global Identity in Multicultural Teams," in Soon Ang and Linn Van Dyne, eds., *Handbook of Cultural Intelligence: Theory, Measurement, and Applications* (Armonk, NY: M.E. Sharpe, 2008), 177–191.

Chapter 7: The Power of CQ

1. Kok-Yee Ng, Linn Van Dyne, and Soon Ang, "From Experience to Experiential Learning: Cultural Intelligence as a Learning Capability for Global Leader Development," *Academy of Management Learning & Education* 8, no. 4 (2009): 511–526.

2. Elizabeth Liebert, *Changing Life Patterns: Adult Development in Spiritual Direction* (St. Louis, MO: Chalice Press, 2000), 121–122.

3. Donald Schon, *Educating the Reflective Practitioner* (San Francisco: Jossey-Bass, 1987).

4. Ben Bryant and Karsten Jonsen, "Cross-Cultural Leadership: How to Run Operations in Markets We Don't Understand," Switzerland: IMD Business School, October 2008.

5. Karen D. Davis, ed., *Cultural Intelligence and Leadership: An Introduction for Canadian Forces Leaders* (Kingston, Ontario: Canadian Defence Academy Press, 2009), x.

6. "Frontline Females: Unlocking The World of Afghan Women," *International Security Assistance Force Public Affairs Office, Afghanistan* (January 21, 2010), http://www.isaf.nato.int/article/isaf-releases/frontline-females-unlocking-the-world-of-afghan-women.html (accessed July 2, 2010).

7. Davis, x.

8. Which MBA? *The Economist Online* (October 14, 2009), http://www.economist.com/business-education/whichmba/displaystory.cfm?story_id=14536868 (accessed July 2, 2010).

지은이 | 데이비드 리버모어(David Livermore)

문화지능과 글로벌 리더십 분야의 선구적인 이론가이자 활동가이다. 문화지능과 관련한 다양한 책들을 저술하고 있으며, 『글로벌 경영과 CQ 리더십(Leading with Cultural Intelligence)』은 「워싱턴 포스트」가 선정한 비즈니스 분야의 베스트셀러이다. 미국 미시간 주에 있는 문화지능센터(www. CulturalQ.com)를 이끌고 있으며 싱가포르 난양기술대학교 객원 교수이기도 하다. 문화지능센터를 이끌기 전에는 20여 년간 세계의 여러 비영리 조직에서 일하면서 대학에서 학생들을 가르쳐 왔다. 포춘지 선정 500대 기업 리더들, 비영리 단체, 정부기관 등을 자문해 오고 있으며, 미국, 아프리카, 아시아, 호주, 유럽 등지의 100여 개 이상의 나라를 오가며 활동하고 있다.

옮긴이 | 홍종열

한국외국어대학교 미네르바교양대학 교수이다. 독일 트리어대학교 경영학과를 졸업하고, 영국 런던대학교에서 비교문화경영학과 유럽연합학을 전공하여 유러피언 비즈니스(European Business) 석사 학위를 취득하였다. 한국외국어대학교에서 유럽연합(EU) 문화정책과 글로컬라이제이션 전략에 관한 논문으로 문화콘텐츠학 박사 학위를 받았다. 한국외국어대학교 국제지역대학원에서 세계문화론을 강의해 왔으며, 한국 사회와 문화에 대한 강의를 외국인 유학생과 기업체 대상으로 진행하고 있다. 현재 미네르바교양대학에서 〈인간과 문명〉 및 〈글로벌 소통과 배려〉를 강의하고 있다. 또한 한국문화지능교육원을 설립하여 국내에 문화지능 개념을 소개하고 교육하는 데 주력하고 있다.

저서로는 『문화지능이란 무엇인가』, 『창조경제란 무엇인가』, 『유럽연합(EU)의 문화산업과 문화정책』, 『문화콘텐츠와 문화코드』(공저), 『디지털인문학이란 무엇인가』(공저), 『상상력과 문화콘텐츠』(공저), 『(키워드 100으로 읽는)문화콘텐츠 입문사전』(공저) 등이 있다

문화지능센터(www.CulturalIQ.com)란?

문화지능센터는 문화지능을 전 세계적으로 공유하고 발전시키기 위해 헌신의 노력을 다하고 있다.

- 문화지능 평가: 개개인이 자신의 문화지능을 객관적으로 평가해 보고 어느 부분이 취약한지 파악하여 더 발전시켜야 하는 부분을 자료로 제공하고 있다. 기업체 해외 파견, 유학 준비, 단기 해외 선교, 특정 연령대 그룹과 관련된 업무 등 다양한 문화적 차이에 대해 순비하는 노는 이들에게 도움이 되는 자가평가를 받을 수 있다.
- 문화지능 자격증 프로그램: 조직과 고객을 위한 컨설턴트를 위한 자격증 프로그램을 진행하고 있다.
- 문화지능 연구: 문화지능에 대한 연구를 꾸준히 진행하고 있으며 관련 분야의 다양한 연구자들과 함께 작업을 공유하고 협력하고자 한다.
- 문화지능 컨설팅과 트레이닝: 정기적으로 워크숍을 개최하고 있을 뿐만 아니라 개개인의 요구에 맞춘 컨설팅과 트레이닝을 제공하고 있다.

문화지능 CQ, 글로벌 소통의 기술

2016년 05월 11일 **1판 1쇄 인쇄**
2016년 05월 18일 **1판 1쇄 펴냄**

지은이 데이비드 리버모어
옮긴이 홍종열
펴낸이 구모니카
마케팅 신진섭
디자인 김해연
펴낸곳 꿈꿀권리
등록 제7-292호 2005년 1월 13일
주소 서울시 마포구 서교동 393-5 1002호
전화 02-323-4610
팩스 0303-3130-4610
E-mail nikaoh@hanmail.net

ISBN 979-11-87153-02-3 03300